柿原 武史・土屋 亮　共編

Español superrápido
超初級！まずは話してスペイン語

・語彙リスト
・口語表現リスト

同学社

品詞名の略語は以下のとおりです。
（それぞれの語句またはフレーズには、本書で用いられている品詞名がおもに充てられています。）

男	=	男性名詞（句）	固有	=	固有名詞
女	=	女性名詞（句）	指	=	指示詞（指定代名詞・指示形容詞）
男／女	=	男性名詞・女性名詞	話	=	口頭表現または重要な表現、定型文
代	=	代名詞（句）	疑	=	疑問詞
形	=	形容詞	冠	=	冠詞
副	=	副詞（句）	目的	=	目的語
動	=	動詞	所有形	=	所有形容詞
間	=	間投詞	数	=	数詞
前	=	前置詞			
接	=	接続詞			

A

Lección	語彙またはフレーズ (名詞は基本的には単数形を表記)	品詞および 句の機能	語義
9・10	a 〜	前	〜(場所)へ、(時刻)に
14	a cualquier lugar	副	どんな場所にでも・どこへでも
6	a la derecha	副	右に
6	a la izquierda	副	左に
10	a las dos y diez	副	2時10分に
13	a las ocho y media	副	8時半に
13	¿A qué hora 〜 ?	話	何時に〜するのですか?
10	¿A qué hora sale 〜 ?	話	〜は何時に出発しますか?
13	adelgazar	動(原形)	痩せる
1	adiós	間	さようなら
9	adónde	疑	どこへ(=a dónde)
9	aeropuerto	男	空港
5・7	agua	女	水
5	agua con gas	女	炭酸入りの水
5	agua sin gas	女	炭酸の入っていない水
6	ahí	副	そこに
6・14	ahora	副	今
13	ahorrar	動(原形)	貯金する、節約する
12	ajillo de gambas	男	エビのアヒージョ
7	ajo	男	にんにく
3・14	al	前 冠(融合形)	a(前置詞)+el(定冠詞)
6	al fondo	副	奥に、突き当たりに
4	alemán	男	ドイツ語
5	algo	代	何か
9	algo bueno	代	何かおいしいもの
7	algo para beber	代	何か飲むもの
5	¿Algo para beber?	話	何か飲みものは?
6	allí	副	あそこに
15	Alta Velocidad Española	固有	スペイン高速鉄道 AVE
13	andaluz／andaluza	形	アンダルシア地方の
14	antiguo／antigua	形	古い

— 1 —

10	aproximadamente	副	およそ、だいたい
10	aquel	指	あの〜（男性名詞・単数）、あれ
10	aquella	指	あの〜（女性名詞・単数）、あれ
8	aquello	指	あれ（指をさして）（未知のもの）
10	aquellos／aquellas	指	あれらの〜（複数形）、あれら
6	aquí	副	ここに、ここで
7	Aquí lo tiene.	話	（ものを手渡す時に）はい、どうぞ。
14	artículo	男	レポート、記事、論文
6	aseo(s)	男	トイレ
11	autobús	男	バス
10	avión	男	飛行機
15	ayer	副	昨日

B

3	baño	男	風呂、トイレ
5	bar	男	バル、軽食を食べられる飲食店
1	base	女	基礎、基本
5	beber	動（原形）	飲む
5	bebes	動（活用形）	← beber（飲む：tú bebes［現在］：君は飲む）
5	bebo	動（活用形）	← beber（飲む：yo bebo［現在］：私は飲む）
9	berenjena	女	ナス
6	biblioteca	女	図書館
11	billete	男	きっぷ
5	bocadillo	男	（バゲットの）サンドイッチ
12	bocadillo de jamón y queso	男	ハムとチーズの（バゲットパンの）サンドイッチ
14	boda	女	結婚式
12	boquerones en vinagre	男（複数）	カタクチイワシの酢漬け
11	buen viaje	男	良い旅
9	buena idea	女	グッド・アイデア、いい考え
1	Buenas noches.	話	こんばんは。おやすみなさい。
1	Buenas tardes.	話	こんにちは。（昼食後から）
1	Buenas.	話	こんにちは。（いつでも使える挨拶）
5・9	bueno	間	じゃあ、よし
1	bueno／buena	形	良い
1	Buenos días.	話	おはよう。こんにちは。（昼食まで）

14	buscar	動（原形）	1. 探す、2. 迎えに行く
13	buscar información en internet	動（原形）＋目的語＋副詞	ネットで情報を探す

C

7	cabeza	女	頭
5	café	男	コーヒー
6	café negro	男	ブラックコーヒー（中南米の大部分）
6	café solo	男	ブラックコーヒー（スペイン）
6	café tinto	男	ブラックコーヒー（コロンビア）
5	cafetería	女	カフェ、カフェテリア
7	caja	女	箱
7	calamar	男	イカ
12	calamares fritos	男（複数）	イカのフライ、イカリング
8	caliente	形	熱い、ホットの
7	calor	男	暑さ
7	cama	女	ベッド
7	camarero／camarera	男 女	ウエイター、ウエイトレス
11	camiseta	女	Tシャツ
8	caña	女	生ビール
6	cansado／cansada	形	疲れた
9	carne	女	肉（牛肉）
4	casa	女	家
14	casi media hora	副	ほとんど30分（半分の時間）
12	cava	女	カバ（主にカタルーニャ州で生産されるスパークリングワイン）
9	centro	男	中心街、町の中心部、繁華街
6	cerca	副	近くに
6	cerca de aquí	副	この近くに
5	cerveza	女	ビール
9	ceviche	男	セビーチェ、ペルーなどの海鮮マリネ
9	chifa	女	ペルーの中華料理
2	chino	男	中国語
2	chino／china	男 女	中国人
2	chino／china	形	中国の
8	chocolate	男	チョコレート

10	cita	女	（人と会う）約束
12	clara	女	ビールをサイダーで割った飲み物
7	claro	間	もちろん
6	clase	女	1. クラス、授業　2. 教室
12	cobra	動（活用形）	← cobrar（徴収する：usted cobra［現在］：あなたはお金を徴収する）
12	cobras	動（活用形）	← cobrar（徴収する：tú cobras［現在］：君はお金を徴収する）
5	comemos	動（活用形）	← comer（食べる：nosotros comemos［現在］：私たちは食べる）
5	comer	動（原形）	食べる
5	comes	動（活用形）	← comer（食べる：tú comes［現在］：君は食べる）
15	comí	動（活用形）	← comer（食べる：yo comí［点過去］：私は食べた）
15	comimos	動（活用形）	← comer（食べる：nosotros comimos［点過去］：私たちは食べた）
15	comiste	動（活用形）	←comer（食べる：tú comiste［点過去］：君は食べた）
5	como	動（活用形）	← comer（食べる：yo como［現在］：私は食べる）
15	cómo	疑	どのように
3	¿Cómo está usted?	話	（丁寧な）お元気ですか。
3	¿Cómo estás?	話	元気ですか。調子はどう？
4	comprar	動（原形）	買う
15	compraste	動（活用形）	← comprar（買う：tú compraste［点過去］：君は買った）
15	compré	動（活用形）	← comprar（買う：yo compré［点過去］：私は買った）
13	compro	動（活用形）	← comprar（買う：yo compro［現在］：私は買う）
5	con	前	〜入りの、〜と一緒の
10	con desayuno incluido	副	朝食込みで
11	con tarjeta	副	カードで
7	concierto	男	コンサート
15	conseguiste	動（活用形）	← conseguir（獲得する：tú conseguiste［点過去］：君は獲得した）
7	contraseña	女	パスワード
8	cortado	男	コルタード（ミルクが少し入ったコーヒー）
10	costar	動（原形）	値段がかかる、費用がかかる
14	Creo que 〜.	話	私は〜と思う。
15	cuándo	疑	いつ

15	cuántas horas	疑	何時間
10	¿Cuántas horas se tarda 〜?	話	何時間かかりますか？
10	cuánto	疑	どれだけ、いくつ
10	¿Cuánto cuesta 〜?	話	いくらですか？
14	¡Cuánto tiempo!	話	久しぶり！（←なんという時間！）
10	cuesta	動（活用形）	← costar（値段がかかる：la habitación cuesta［現在］：部屋の料金は〜である）
3	Cuídate.	話	体に気をつけてね。（親しい相手（tú）に対して言う場合）
3	Cuídese.	話	お大事に。体に気をつけてください。（ustedに対して言う場合）
1	cultura	女	文化
4	curso	男	コース、講座
4	curso para extranjeros	男	外国人向けコース・課程（Izumiが学んでいるコース）

D

12	da	動（活用形）	← dar（与える：usted da［現在］：あなたは与える）
12	das	動（活用形）	← dar（与える：tú das［現在］：君は与える）
1・2	de	前	〜の、〜から
5	De acuerdo.	話	わかりました、了解。
14	de compras	副	買い物に、買い物で
16	de niño	副	子どもの頃
13	de primero	副	１つ目の料理（前菜）として
13	de segundo	副	２つ目の料理（メインディッシュ）として
13	dentro de cinco minutos	副	５分後に
5	desayuno	男	朝食
11	desde	前	〜から
11	detrás de 〜	副	〜の後ろに
1	día	男	日
10	diccionario	男	辞書
16	dijiste	動（活用形）	← decir（言う：tú dijiste［点過去］：君は言った）
16	Dijiste que 〜.	話	（君は）〜と言った。
15	Dime.	話	はい。（電話で応対する表現。↔ Oye.もしもし。）
9	dinero	男	お金
7	doble	形	ダブルの
7	dolor de 〜	男	〜の痛み

9	dónde	疑	どこ
6	¿Dónde están los servicios?	話	お手洗いはどこですか？
6	¿Dónde estás?	話	（君は）どこにいるの？

E

11	edificio	男	建物、ビル
1	ejercicio	男	練習、運動
4	el	冠	定冠詞（男性名詞・単数に付く）
2	él	代	彼
16	el otro día	男	先日
16	el pasado fin de semana	男	先週末（過ぎ去った（pasado）週末）
11	el próximo tren	男	次の列車
14	elegante	形	エレガントな、気品のある
2	ella	代	彼女
2	ellas	代	彼女たち
2	ellos	代	彼ら
4・10	en	前	（場所を示す）〜で、〜の中で、〜（乗り物）で
11	en autobús	副	バスで（en 〜で：乗り物）
11	en cinco minutos	副	5分で
11	en frente de 〜	副	〜の正面に（=enfrente de〜）
6	en la cafetería	副	カフェテリアに・で
15	en qué	疑	何（の乗り物）で
2	Encantada.	話	（女性が言う）はじめまして。
2	Encantado.	話	（男性が言う）はじめまして。
13	encontrar un buen trabajo	動（原形）+目的語	いい仕事を見つける
13	ensalada mixta	女	ミックスサラダ
12	enseguida	副	すぐに、ただちに
13	enseño	動（活用形）	← enseñar（教える、見せる：yo enseño［現在］：私は教える）
5・8 9・15	entonces	接	それでは、じゃあ
7	entrada	女	入場券、チケット
16	erais	動（活用形）	← ser(〜です：vosotros erais［線過去］：君たちは〜でした）
16	¿Erais cuatro en total?	話	君たちは全員で4人だったのですか？

2	eres	動（活用形）		← ser（～です：tú eres［現在］：君は～です）
2	es	動（活用形）		← ser（～です：este es［現在］：これは～です）
14	Es que ～	接		というのも～なんだ（軽い理由・事情説明）
10	esa	指		その～（女性名詞・単数）、それ
5	escribir	動（原形）		書く
10	ese	指		その～（男性名詞・単数）、それ
10	ese tren	男		その列車
8	eso	指		それ（指をさして）（未知のもの）
10	esos, esas	指		それらの～（複数形）、それら
13	espagueti	男		スパゲッティー
4	español	男		スペイン語
2	español／española	男 女		スペイン人
14	español／española	形		スペイン語の、スペインの、スペイン人の
13	esperáis	動（活用形）		← esperar（待つ：vosotros esperáis［現在］：君たちは待つ）
13	esperamos	動（活用形）		← esperar（待つ：nosotros esperamos［現在］：私たちは待つ）
14	Espere un momento.	話		少々お待ちください。
10	esta	指		この～（女性名詞・単数）、これ
11	esta estación	女		この駅
7・10	esta noche	女		今夜
14	está perdido	話		（彼は）迷子になっている
9	esta tarde	女		今日の午後
15	estaba	動（活用形）		← estar（状態を表す動詞）：la comida estaba～［線過去］：食事は～だった）
16	estaba	動（活用形）		← estar（～にいる、～にある：Quique estaba～［線過去］：キケは～にいた）
6	estación	女		駅
5	estación de servicio	女		ガソリンスタンド
6	están	動（活用形）		← estar（～にいる、～にある：los servicios están［現在］：トイレは～にある）
2	estar	動（原形）		1．～です（一時的状態）、2．～にある（場所）
13	estar sano	動（原形）＋形容詞		健康でいる
3・6	estás	動（活用形）		← estar（～です（状態）：tú estás［現在］：君は～です）（～にいる、～にある：tú estás：君は～にいる）
14	¿Estás libre hoy?	話		（君は）今日空いている？今日ひま？
10	este	指		この～（男性名詞・単数）、これ

10	este tren	男	この列車
2	este／esta	指	これ、こちらの方
8	esto	指	これ（指をさして）（未知のもの）
7	estómago	男	胃
10	estos／estas	指	これらの〜（複数形）、これら
3・6	estoy	動（活用形）	← estar（〜です（状態）：yo estoy［現在］：私は〜です）（〜にいる、〜にある：yo estoy［現在］：私は〜にいる）
3	Estoy bien.	話	（私は）調子いいよ。元気だよ。
14	estoy buscando	動（活用形）	← buscar（探す：yo estoy buscando［現在進行形］：私はいま〜を探しているところです）
3	Estoy cansada.	話	私は疲れています。（女性の場合）
3	Estoy cansado.	話	私は疲れています。（男性の場合）
14	estoy escribiendo	動（活用形）	← escribir（書く：yo estoy escribiendo［現在進行形］：私はいま〜を書いているところです）
3	Estoy resfriada.	話	私は風邪をひいています。（女性が言う場合）
3	Estoy resfriado.	話	私は風邪をひいています。（男性が言う場合）
3	estudiante	男女	学生
13	estudiar en España	動（原形）＋副詞	スペインで勉強する
13	estudiar más	動（原形）＋副詞	もっと勉強する
4	estudias	動（活用形）	← estudiar（勉強する：tú estudias［現在］：君は勉強する）
15	estudiaste	動（活用形）	← estudiar（勉強する：tú estudiaste［点過去］：君は勉強した）
15	estudié	動（活用形）	← estudiar（勉強する：yo estudié［点過去］：私は勉強した）
4	estudio	動（活用形）	← estudiar（勉強する：yo estudio［現在］：私は勉強する）
11	euro(s)	男	ユーロ
1	explicación	女	説明
1	expresión	女	表現
4	extranjero／extranjera	男女	外国人

F

11	fácilmente	副	簡単に
8	famoso／famosa	形	有名な
9	fideuá	女	フィデウア、パスタで作ったパエリア
7	fiebre	女	熱

13	filete de ternera	男	牛フィレステーキ
7	firma	女	サイン
7	foto	女	写真
15	fresa	女	イチゴ
7	frío	男	寒さ
10	fuente	女	泉、噴水
15	fui	動（活用形）	← ir（行く：yo fui ［点過去］：私は行った）
15	fuiste	動（活用形）	← ir（行く：tú fuiste ［点過去］：君は行った）

G

8	galleta	女	ビスケット
13	ganar dinero	動（原形）＋目的語	お金を稼ぐ
7	garganta	女	喉
7	gas	男	ガス、炭酸
13	gaseosa	女	ガセオサ（甘い炭酸飲料）
5	gasolinera	女	ガソリンスタンド
13	gazpacho	男	ガスパッチョ（野菜の冷製スープ）
14	genial	形	素晴らしい
14	¡Genial!	話	すばらしい！
1	gracias	間	ありがとう
16	Gracias por 〜.	話	〜のことでありがとう。
1	gramática	女	文法
2	gusto	男	よろこび

H

7	habitación	女	部屋
4	hablar	動（原形）	話す
4	hablo	動（活用形）	← hablar（話す：yo hablo ［現在］：私は話す）
15	hace 〜	前	〜前に（時間の経過）
9	hacer	動（原形）	1. する、2. 作る
13	hacer ejercicios	動（原形）＋目的語	運動をする
14	haciendo	動（現在分詞）	← hacer（する、作る）の現在分詞
7	hambre	女	空腹
1	hasta	前	〜まで

1	Hasta luego.	話	またあとで。（別れの挨拶）
1	Hasta mañana.	話	また明日。
3	Hasta pronto.	話	すぐあとで。
10	hay ～	動（活用形）	～がある、いる
14	hermana	女	姉妹、女のきょうだい
14	hermano	男	兄弟、男のきょうだい
15	hice	動（活用形）	← hacer（する、作る：yo hice［点過去］：私はした）
15	hiciste	動（活用形）	← hacer（する、作る：tú hiciste［点過去］：君はした）
14	historia	女	歴史
1	hola	間	やあ、こんにちは
15	hora	女	時間、時刻
1	hospital	男	病院
7	hostal	男	ホステル、宿泊施設
1	hotel	男	ホテル
5	hoy	副	今日

I

11	ida y vuelta	女	往復
7	individual	形	シングルの、個人の
4	inglés	男	英語
13	invitar	動（原形）	招待する
8	ir	動（原形）	行く
13	ir a Okinawa	動（原形）＋副詞句	沖縄に行く
11	ir andando	動（原形）＋現在分詞	歩いて行く

J

5	jamón	男	ハム、特に生ハム
4	Japón	固有	日本
2	japonés	男	日本語
2	japonés／japonesa	男 女	日本人
2	japonés／japonesa	形	日本の
15	justo	副	ちょうど、ぎりぎりのところで

L

4	la	冠	定冠詞（女性名詞・単数に付く）
13	la	代	それを（女性名詞・単数のもの）、彼女を
11	la estación de autobuses	女	バスターミナル
14	La estoy esperando.	話	私は彼女を待っています。
14	la Gramática castellana	女	カスティーリャ語（スペイン語）文法［書］
11	la próxima semana	女	来週
11	la próxima sesión	女	次の上映（上演）
10	la una	女	1時
4	las	冠	定冠詞（女性名詞・複数に付く）
13	las	代	それらを（女性名詞・複数のもの）、彼女たちを
10	las dos	女	2時
6	lavabo	男	トイレ
12	le	代	彼に、彼女に、あなたに
16	Le presenté a una amiga mía.	話	（私は）彼に私の女友達の一人を紹介した。
8	leche	女	牛乳、ミルク
12	lee	動（活用形）	← leer（読む：túに対する命令：読みなさい）（読む：él lee［現在］：彼は読む）
15	leí	動（活用形）	← leer（読む：yo leí［点過去］：私は読んだ）
15	leíste	動（活用形）	← leer（読む：tú leíste［点過去］：君は読んだ）
6	lejos	副	遠くに
6	lejos de aquí	副	ここから遠くに
12	les	代	彼らに、彼女らに、あなた方に
15	¿Les gustó?	話	あなた方は気に入りましたか？
7・14	libre	形	空いている、暇な、自由な
5	ligero／ligera	形	軽い
8	limón	男	レモン
14	lingüística	女	言語学
4	literatura	女	文学
14	Llámalo.	話	← llamarのtúに対する命令＋lo：彼に電話しろ。
13	llamar	動（原形）	呼ぶ、電話する（← 電話で呼ぶ）
13	llamas	動（活用形）	← llamar（呼ぶ、電話する：tú llamas［現在］：君は電話する）
7	llave	女	鍵
15	llegada	女	到着

10	llegar	動（原形）	到着する
15	llegaste	動（活用形）	← llegar（到着する：tú llegaste［点過去］：君は着いた）
15	llegué	動（活用形）	← llegar（到着する：yo llegué［点過去］：私は着いた）
4・13	lo	代	それを（男性名詞のものを指して）（男性名詞・単数のもの）、彼を
16	lo pasasteis bien	話	（君たちは）楽しく過ごしたんだ
10	Lo siento.	話	残念に思います、すみません。
13	lomo asado	男	豚ロースのロースト
4	los	冠	定冠詞（男性名詞・複数に付く）
13	los	代	それらを（男性名詞・複数のもの）、彼らを
1	luego	副	あとで

M

14	malo／mala	形	悪い
1	mañana	副	明日
11	marca	動（活用形）	← marcar（入力する、プッシュボタンを押す：túに対する命令形：入力してください）
1	más	形	さらに、もっと
13	más	副	より多く
12・13	me	代	私に、私を
12	¿Me cobras?	話	（君は私からお金を取りますか → ）お勘定をお願いします。
16	me encontré con 〜	話	← encontrarse con（〜と出会う：yo me encontré［点過去］con：私は〜と出会った）
7	Me gustaría 〜 ＋動詞の原形.	話	〜したいのですが
5	Me pones 〜	話	〜をください（barなどカジュアルな飲食店で注文する表現）
16	me presentó uno suyo	話	（彼は）私に彼の（男友達）を一人紹介した
14	¿Me puedes acompañar 〜？	話	（君は）私に付き添えますか？付き添ってくれないかい？
12	media ración	女	一人前の半分の分量
6	mejor	副	より良く
13	menos	副	より少なく
11	Menos mal.	話	不幸中の幸いだ、ああ、よかった。
5	menú del día	男	本日のランチ・コース
9	mercado	男	市場
13	merluza a la gallega	女	ガリシア風メルルーサ（魚の名前）

7	mesa	女	机
9	mexicano／mexicana	形	メキシコ（料理）の（発音に注意）
2	mexicano／mexicana	男 女	メキシコ人
14	mi	所有形	私の
7	moto	女	バイク
4	mucho	副	よく、大いに
2	Mucho gusto.	話	はじめまして。
2・7・14	mucho(s)／mucha(s)	形	たくさんの、多くの
4	muy bien	副	とても上手に
1	Muy bien.	話	とても元気です。わかりました（いいですよ）。

N

8	naranja	女	オレンジ
16	ni estudiaba nada	話	ろくに勉強もしなかった
2	no	副	1.（文頭で）いいえ、2.（動詞の前で否定文を作る）〜ではありません
12	No diga.	話	← decir（言う：ustedに対する否定命令：言わないでください）まさか
16	¿No estaba Quique con vosotros?	話	キケは君たちと一緒ではなかったの？
10	no hay（〜）	動（活用形）	（〜は）ありません
12	No me diga	話	まさか・ご冗談を！（← 私に言わないでください）
16	no podía tener interés en nada	話	何にも興味が持てなかった
5	No sé.	話	（私は）わかりません、知りません。
8	no, gracias	話	いいえ、結構です、ありがとう
1・10	noche	女	夜
7	nombre	男	名前
12・13	nos	代	私たちに、私たちを
15	Nos gustó todo.	話	私たちは、全部気に入りました。
2	nosotros／nosotras	代	私たち
7	número	男	番号

O

1	ojo	男	目、¡Ojo!で「注意！」
12・13	os	代	君たちに、君たちを

P

5	paella	女	パエージャ、パエリア、米料理
9	paella marinera	女	シーフードパエージャ（パエリア）
9	paella mixta	女	ミックスパエージャ（パエリア）
11	pagar	動（原形）	支払う
4・7	para	前	〜のための
13	para mí	副	私には
11	parada de autobús	女	バス停
7	partido	男	試合
7	pasaporte	男	パスポート
16	pasasteis	動（活用形）	← pasar（送る、過ごす：vosotros pasasteis［点過去］：君達は過ごした）
6	pasillo	男	廊下、通路
5	pasta	女	パスタ
15	pastel	男	ケーキ
7	pastilla	女	錠剤
12	patatas fritas	女（複数）	フライドポテト
12	pedimos	動（活用形）	← pedir（注文する：nosotros pedimos［現在］：私たちは注文する）
7	pedir	動（原形）	注文する
13	película	女	（作品としての）映画
7	pensión	女	ペンション、民宿
15	perder	動（原形）	失う、逃す
6	perdón	間	すみません
3・4・15	pero	接	でも、しかし
2	peruano／peruana	男 女	ペルー人
9	pescado	男	魚
12	picar	動（原形）	軽く食べる、つまむ
11	PIN	男	個人認証番号（Personal Identification Number：英語）
12	pizza	女	ピザ
5	plato	男	皿、プレート、料理
1	poco	代	少し
11	podemos	動（活用形）	← poder（〜できる：nosotros podemos［現在］：私たちは〜できる）

10	poder ＋動詞の原形	動（原形）	〜できる
9	pollo	男	鶏肉
12	pon	動（活用形）	← poner（置く：túに対する命令：置きなさい）
12	pone	動（活用形）	← poner（置く：usted pone［現在］：あなたは置く）
5	pones	動（活用形）	← poner（置く：tú pones［現在］：君は置く）
12	ponga	動（活用形）	← poner（置く：ustedに対する命令：置いてください）
12	póngamela	話	それを（女性名詞・単数のもの）私にください（← 私にそれを置いてください）
12	pongo	動（活用形）	← poner（置く：yo pongo［現在］：私は置く）
1	poquito	代	ほんの少し（poco＋ito）
16	por casualidad	副	偶然
4	por cierto	接	（話題を転換する）ところで
5	por ejemplo	副	例えば
15	por eso	接	だから
5	por favor	副	お願いします
10	por la tarde	副	午後に
5・8	¿Por qué no 〜?	話	〜するのはどうだろうか。〜しませんか？（誘いかけ、提案など）
11	¿Por qué?	疑	なぜ？
10	por supuesto	副	もちろん
10	por una noche	副	一晩あたり（一泊あたり）
11・14	porque	接	なぜなら、というのも
13	postre	男	デザート
1	práctica	女	練習、実習
16	presenté	動（活用形）	← presentar（紹介する：yo presenté［点過去］：私は紹介した）
16	presentó	動（活用形）	← presentar（紹介する：él presentó［点過去］：彼は紹介した）
13・14	primero	副	まず、最初に
9	probar	動（原形）	試す、食べてみる
14	profesor／profesora	男 女	先生
1・3	pronto	副	すぐに
1	próximo／próxima	形	次の
11	pueden	動（活用形）	← poder（〜できる：ustedes pueden［現在］：あなた方は〜できる）
10	puedes	動（活用形）	← poder（できる：tú puedes［現在］：君はできる）

10	puedo	動（活用形）	← poder（できる：yo puedo［現在］：私はできる）
10	¿Puedo llegar allí a las cinco?	話	5時に向こうに到着できますか？
10	¿Puedo ＋動詞の原形？	話	（私は）〜することができますか？、〜してもよいですか？
8	pues	接 間	じゃあ、ええっと
12	pulpo a la gallega	男	タコのガリシア風（ゆでたタコにオリーブオイルをかけ、塩とパプリカをまぶしたもの）
15	puntualidad	女	時間に正確なこと

Q

4・15	qué	疑	（疑問詞）なにを、なにが、どんな、何
10	¡Qué bien!	話	わあ、よかった！
8	¿Qué es eso?	話	それは何ですか？
1	¿Qué tal?	話	調子はどう？元気？
8	queréis	動（活用形）	← querer（欲しい・〜したい：vosotros queréis［現在］：君たちは欲しい）
8	queremos	動（活用形）	← querer（欲しい・〜したい：nosotros queremos［現在］：私たちは欲しい）
9	quesadilla	女	ケサディージャ、メキシコのチーズ入りトルティージャ
15	quién	疑	誰
8	quieren	動（活用形）	← querer（欲しい・〜したい：ellos quieren［現在］：彼らは欲しい）
8	quieres	動（活用形）	← querer（欲しい・〜したい：tú quieres［現在］：君は欲しい）
8	quiero	動（活用形）	← querer（欲しい・〜したい：yo quiero［現在］：私は欲しい）
8	Quiero ＋動詞の原形.	話	私は〜したい。

R

7	ración	女	1人前
13	recomienda	動（原形）	← recomendar（勧める：usted recomienda［現在］：あなたは勧める）
13	recomiendo	動（活用形）	← recomendar（勧める：yo recomiendo［現在］：私は勧める）
5	refrescos	男（複数）	清涼飲料水、主に炭酸飲料
10	reloj	男	時計
7	reserva	女	予約
6	resfriado／resfriada	形	風邪をひいた
9	restaurante	男	レストラン
14	revista	女	雑誌

15	ropa	女	服

S

13	sacar buena nota	動（原形）＋目的語	いい成績をとる
10	sale	動（活用形）	← salir（出発する：el tren sale［現在］：列車が出発する
13	salgo	動（活用形）	← salir（出発する：yo salgo［現在］：私が出発する）
15	salí	動（活用形）	← salir（出発する：yo salí［点過去］：私は出発した）
15	salida	女	出発
15	saliste	動（活用形）	← salir（出発する：tú saliste［点過去］：君は出発した）
5	sé	動（活用形）	← saber（知っている：yo sé［現在］：私は知っている）
10	se tarda ～	話	←tardarse 時間がかかる
7	sed	女	喉の渇き
1	semana	女	週
1	señor	男	1. 紳士、2. ～氏、～さん（Sr.）
1	señora	女	1. 婦人、2. ～婦人、～さん（Sra.）
1	señorita	女	1. お嬢様、2. ～さん（未婚女性、若い女性）（Srta.）
2	ser	動（原形）	～です（特徴、性質など）
6	servicio(s)	男	トイレ
10	siento	動（活用形）	← sentir（感じる、残念に思う：yo siento［現在］：私は残念に思う）
10	siguiente	形	次の
5	sin	前	～なしの
14	sobre	前	～について（の）
7	sofá	男	ソファ
2	sois	動（活用形）	← ser（～です：vosotros sois［現在］：君たちは～です）
2	somos	動（活用形）	← ser（～です：nosotros somos［現在］：私たちは～です）
2	son	動（活用形）	← ser（～である：Ana y Jorge son［現在］：アナとホルへは～です）
2	soy	動（活用形）	← ser（～です：yo soy［現在］：私は～です）
7	su	所有形	彼の、彼女の、あなたの、彼らの、彼女らの、あなた方の
14	su mejor amiga	女	彼女の親友（もっとも良い友達）
15	subí	動（活用形）	← subir（登る、（乗り物に）乗る：yo subí［点過去］：私は乗った）

13	subir a ~	動（原形）	~に登る、（乗り物に）乗る
7	sueño	男	眠気
9	supermercado	男	スーパーマーケット

T

2	también	副	また、~もまた
5	tapa	女	小皿料理
11	taquilla	女	チケット売り場
11	taquillero／taquillera	男 女	切符販売員
1・9	tarde	女	午後
9	taxi	男	タクシー
12・13	te	代	君に、君を
8	té	男	紅茶
7	teléfono	男	電話
7・9	tenemos	動（活用形）	← tener（持つ：nosotros tenemos［現在］：私たちは持っている）
7	tener	動（原形）	持つ
7・10	tengo	動（活用形）	← tener（持つ：yo tengo［現在］：私は持っている）
7	Tengo mucha sed.	話	私、とても喉が渇いた。
13	tengo que correr	話	← tener que ~（~しなければいけない：yo tengo que correr［現在］：私は走らなければいけない）
9	tienda	女	店
5	tienda 24 horas	女	コンビニ
5	tienda de conveniencia	女	コンビニ
7	tiene	動（活用形）	← tener（持つ：usted tiene［現在］：あなたは持っている）
9	tienen	動（活用形）	← tener（持つ：ustedes tienen［現在］：あなた方は持っている）
13	tienes	動（活用形）	← tener（持つ：tú tienes［現在］：君は持つ）
13	tienes que comprar	話	← tener que ~（~しなければいけない：tú tienes que comprar［現在］：君は買わなければいけない）
8	tomamos	動（活用形）	← tomar（飲む、食べる：nosotros tomamos［現在］：私たちは食べる、飲む）
9	tomate	男	トマト
7	toro	男	闘牛
9	torta	女	メキシコのサンドイッチ

1・9	tortilla	女	トルティージャ、スペインのオムレツ、メキシコのトウモロコシの粉で作ったタコスなどの皮
7	tos	女	咳（せき）
4	trabajar	動（原形）	働く
13	trabajar mucho	動（原形）＋副詞	いっぱい働く
15	trabajaste	動（活用形）	← trabajar（働く：tú trabajaste［点過去］：君は働いた）
15	trabajé	動（活用形）	← trabajar（働く：yo trabajé［点過去］：私は働いた）
13	traigo	動（活用形）	← traer（持ってくる：yo traigo［現在］：私は持ってくる）
9	tren	男	列車
14	tu	所有形	君の
2	tú	代	君、あなた
16	tu lengua materna	女	君の母語

U

15	último／última	形	最後の
16	un amigo suyo	男	彼の男友達の一人
4	un poco	副	少し
7	un poco de ～	代	少しの～
8	un té con leche	男	ミルクティー
8	una (galleta)	数	（ビスケット）ひとつ
16	una amiga mía	女	私の女友達の一人
4・6	universidad	女	大学
2	usted	代	あなた（丁寧）

V

9	va	動（活用形）	← ir（行く：él va［現在］：彼は行く）
6	Vale.	話	（スペインのスペイン語で）わかった。了解。
9	vamos	動（活用形）	← ir（行く：nosotros vamos［現在］：私たちは行く）
7	vamos a ＋動詞の原形	話	～しましょう
7	Vamos a pedir.	話	注文しましょう。
9	vas	動（活用形）	← ir（行く：tú vas［現在］：君は行く）
9	vas a comprar	話	ir a＋comprar（買う）→ 君は買うつもり

16	¿Vas a estudiar japonés?	話	（君は）日本語を勉強するの？
13	verdad	女	本当、真実
9	verdura	女	野菜
14	vestido	男	ドレス、ワンピース、衣服
5	vino	男	ワイン
12	vino blanco	男	白ワイン
6	vino tinto	男	赤ワイン
4	visitar	動（原形）	訪問する
5	vivir	動（原形）	住む、暮らす、生きる
1	vocabulario	男	語彙
2	vosotros／vosotras	代	あなた方、君たち
3・9	voy	動（活用形）	← ir（行く：yo voy［現在］：私は行く）
9	voy a comprar	話	ir a＋comprar（買う）→ 私は買うつもり
10	vuelo	男	フライト、飛行機の便

W

7	wifi	男	ワイファイ、無線インターネット接続

Y

2・9	y	接	～と、そして（英語のandにあたる）、～と～
3	¿Y tú?	話	で、君は？
3・7	ya	副	1. もう、すでに、2. わかりました、はい
16	¿Ya empezaste a estudiar japonés?	話	もう日本語を勉強し始めたの？
3	Ya estoy mejor.	話	もうよくなりました。（前よりも元気になりました。）
2	yo	代	私

Z

9	zanahoria	女	ニンジン
5	zumo	男	ジュース

Español superrápido

Takeshi Kakihara
Ryo Tsuchiya

Editorial Dogakusha

本文イラスト: 遠藤　佐登美
表紙デザイン: (株)アップルボックス

〈録音について〉
🎧がついている箇所についてはネイティブスピーカーによる録音があります。
同学社のホームページ (http://www.dogakusha.co.jp/04353_onsei.html) からダウンロードできます.

はじめに

　本書は、初めてスペイン語を学ぶ学習者向けの教科書です。主に大学や高校で第 2 外国語として学ぶ人を想定して作成しました。

　この教科書の一番の特徴は、フレーズを声に出してどんどん覚えていくというところにあります。そのため、従来のスペイン語の教科書には必ずあった動詞の活用表などは本文中からは極力減らしました。文法の説明も最小限にとどめています。ですから、文の仕組みがわからなくても、どんどんスペイン語を声に出して読み、覚えて、練習していきましょう。

　授業中は先生の発音を聞いて、家での予習復習の際や通学途中には MP3 の音声を聞いて、ひたすら真似をするようにしましょう。学習者同士のペアワークやグループワークでも、恥ずかしがらずに声に出して練習しましょう。そして、フレーズを丸ごと覚えてしまいましょう。ある程度の数のフレーズを覚えると、応用が効くようになってくるはずです。

　練習問題で指示されていなくても、各課の表現を用いて自分のことや家族や友だちのことを話してみましょう。そのためには、 Explicación や Un poco de gramática の内容を読んで、スペイン語の仕組みを少しだけ勉強しましょう。

　　2017 年　秋

著者一同

índice

Lección 基本的な対話文

1	スペイン語の音とアクセントに親しもう
2	簡単な自己紹介をしてみよう
3	スペイン語のあいさつのバリエーションを増やそう
4	ふだん何をしているか話してみよう
5	スペイン語で読んだり、書いたり、食べたり、飲んだり話したりしよう
6	人の居場所や物の場所を尋ねてみよう
7	頭がいたい。薬ある？ はいどうぞ。
8	自分の願望を伝えてみよう
9	今日はどこへ行く？
10	あるかないか尋ねてみよう
11	チケット売り場はどこにあるの？
12	相手に何かを頼んでみよう
13	バスは何時に出発しますか？
14	いま何をしているの？
15	最終バスに乗れたんだね。
16	週末は何をしたの？

巻末付録

Un poco de gramática	呼びかけの表現：「○○さん」	66
Un poco de gramática	Aquí lo tiene.／男性名詞と女性名詞	66
Un poco de gramática	「これ」／「それ」／「あれ」	67
Un poco de gramática	命令形のまとめ	67
Un poco de gramática	〜に、〜から（間接目的語の代名詞）	68
Un poco de gramática	〜を（直接目的語の代名詞）	68

活用表 1	動詞 ser の変化形（現在形）	69
活用表 2	動詞 estar の変化形（現在形）	69
活用表 3	動詞 estudiar（語尾が -ar で終わる動詞）の変化形（現在形）	69
活用表 4	語尾が -er, -ir で終わる動詞の活用形（現在形）	70

Explicación		Cultura	
注意すべきつづりと発音・アクセント／敬称		スペイン語圏の人の名前	1
動詞 ser／j, r, ch, qui, que の発音／単数形と複数形		スペインの通貨今昔	5
¿Qué tal?／¿Cómo estás?／tú と usted		働き者のスペイン人	9
定冠詞／否定文を作る no		スペイン語の挨拶	13
スペイン語の動詞 3 タイプ		スペインのコンビニ事情	17
動詞 estar／スペイン語の「トイレ」		コーヒー色々	21
数字を覚えよう！／un と una って何？		スペイン語圏の宿泊施設	25
動詞 querer／querer ＋不定詞		スペイン語圏の飲料水	29
動詞 ir		スペイン語圏の料理	33
hay 〜／este, ese, aquel／poder ＋不定詞		旅は道連れ	37
動詞 poder		スペイン語圏の交通事情	41
依頼の表現・tú に対する命令形		ジブラルタルとは	45
間接・直接目的語の代名詞		スペインのレストラン	49
現在進行形		スペインにおける公用語はいくつ	53
点過去／動詞 gustar の用法		スペインの列車事情	57
線過去／時制の一致		スペインの百貨店	61

活用表	5	動詞 tener の変化形（現在形）	71
活用表	6	動詞 poder・動詞 querer の変化形（現在形）	71
活用表	7	動詞 ir の変化形（現在形）	71
		形容詞の位置と形の変化のまとめ	72
活用表	8	点過去の変化形	72
活用表	9	線過去の変化形①	73
活用表	10	線過去の変化形②	74

数詞（基数詞）　　　　　　　　　　　　　　　　　　　　75

Menú del día　　　　　　　　　　　　　　　　　　　　76

Superrápido

この教科書の使用上のご注意！　¡Atención!

ようこそ『超初級！　まずは話してスペイン語』へ。ここでは、この教科書を使ったスペイン語学習の効果を最大限高めるために必要な注意事項をご説明します。みなさま、必ずお読みください。

Base　とにかく覚える基本のダイアローグ

基本のダイアローグです。必ずMP3の音声や先生の真似をして、声に出してなんども読み上げて、覚えるまで練習しましょう。他の学生と一緒に会話のシミュレーションも楽しみましょう。

Vocabulario y expresiones　語彙・表現リスト

ダイアローグに出てくる語彙や表現の解説です。これに頼りきらず、辞書を引いたり、ノートに自分だけのオリジナル単語帳を作ったりして覚える努力をしましょう。

Práctica　練習

練習問題です。指示に従って、練習をしましょう。

¡Ojo!　注意！

ここの説明をヒントにして、新しく出てきた表現や文を組み立てる規則などを発見してください。

Explicación 1, 2　解説1、2

¡Ojo! から踏み込んだ説明です。Base および Un poquito más のそれぞれのレベルに合わせて解説をしています。ダイアローグの文を理解したり、さらにそれらを応用した作文をしたりするために、お読みください。

Un poquito más　応用ダイアローグ

Base レベルだけで満足できない人はこちらのダイアローグにも取り組みましょう。

Ejercicios　練習

Base および Un poquito más それぞれのレベルに合わせた練習問題を用意しています。

Cultura　文化コラム

スペイン語圏の多様な文化に触れるきっかけとなるコラムです。

Un poco de gramática　ちょこっと文法

文法が気になる人のために、最低限の解説をしています。課の最後または巻末にあります。巻末には動詞の活用表などもありますので、自由作文をするときなどにご利用ください。

文字と発音：電話などでアルファベットを伝える時によく使われる地名や単語を合わせて挙げてみました。知らない地名ばかりだと思いますが、先生と一緒に発音して、文字と地名をスラスラ言えるようにしましょう。また、これらの地名や物の名前をインターネット上の地図や画像検索で調べてみましょう。

- **A** de Andalucía
- **B** de Barcelona
- **C** de Ceuta, Cádiz
- **D** de Dinamarca
- **E** de España
- **F** de Francia
- **G** de Gerona, Grecia, Galicia
- **H** de Huelva
- **I** de Italia
- **J** de Japón
- **K** de kilo
- **L** de Londres
- **M** de Madrid
- **N** de Navarra
- **Ñ** de España
- **O** de Oviedo
- **P** de París
- **Q** de Quevedo
- **R** de Rioja, Perú
- **S** de Sevilla
- **T** de Toledo
- **U** de Úbeda
- **V** de Valencia
- **W** de Washington
- **X** de xilófono, examen
- **Y** de Yemen, curry
- **Z** de Zaragoza

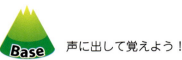 **Lección 1　スペイン語の音とアクセントに親しもう**

 Base　声に出して覚えよう！

 ¡Hola Izumi, buenas!

Hola, Guillermo, buenos días.

 ¿Qué tal?

Muy bien, gracias.

 ¡Adiós!

Adiós, hasta mañana.

Vocabulario y expresiones

Hola.　やあ、こんにちは。（いつでも使えるあいさつことば）　　Guillermo　ギジェルモ（男性の名前）
Buenas.　こんにちは。（いつでも使えるあいさつことば）　　Buenos días.　おはよう。こんにちは。（昼食まで）　　Buenas tardes.　こんにちは。（昼食後から）　　Buenas noches.　こんばんは。おやすみなさい。
¿Qué tal?　調子はどう？ 元気？　　Muy bien.　とてもいいです。（「普通」ぐらいでもこれで答えます）
gracias　ありがとう　　bueno　良い　　día　日　　tarde　午後　　noche　夜
¡Adiós!　さようなら。　　Hasta mañana.　また明日。

Práctica

- 先生に続いて、少なくとも 5 回は声に出して、 Base の表現をすべて覚えてしまいましょう。
- 近くの席の人と一緒に練習しましょう。

¡Ojo!

- 英語にはない文字・記号がスペイン語にはあります。

　　ñ, ¡ !, ¿ ? どこに出てきたか探してみましょう。見つけたら、それらの文字や記号が使われている文を書き写して、書き方に慣れましょう。

Explicación 1

注意すべきつづりと発音

- Ll, ll：「リャ行」または「ジャ行」に近い音で発音
  Sevilla（セビーリャ、セビージャ：スペイン南部の都市名）、paella（パエーリャ、パエージャ：パエリア、米を使った料理）
- gui「ギ」、gue「ゲ」と発音（決して「グイ」「グエ」とは発音しない！）
- qui「キ」、que, qué「ケ」と発音（決して「クイ」「クエ」とは発音しない！）
- gracias：gra、cias はそれぞれ一気に、一拍で発音しましょう。
  gracias は gra-cias と 2 拍で！ 決して「グ・ラ・シ・ア・ス」と発音してはいけません。
- hola：スペイン語では h は無音　書いてあっても読まないでください。「ホラ」ではなく「オラ」。
- Ñ, ñ：「ニャ行」の音で発音
  España（エスパーニャ：スペイン）、mañana（マニャーナ：明日）
- ¡ !（感嘆符）と ¿ ?（疑問符）：疑問文や感嘆文の前（¡, ¿）と後ろ（!, ?）に付ける。
- hasta 〜まで。（「ハスタ」ではなく「アスタ」と発音する）
  mañana 明日　→　Hasta mañana.　また明日。（別れのあいさつ）

アクセントのルール

1) a, i, u, e, o などの母音もしくは、-n, -s で終わる語
   → 後ろから 2 つ目の母音を強く発音する。hombre, culturas
2) それ以外の子音で終わる語 → 最後の母音を強く発音する。señor, hospital
3) アクセント記号がある語 → そこを強く発音する。Rodríguez, Martínez

声に出して練習しよう！

Sra. Martínez: Buenas tardes, señor Rodríguez.
Sr. Rodríguez: Hola, buenas tardes, señora Martínez.
Sra. Martínez: Adiós, buenas noches.
Sr. Rodríguez: Adiós, hasta luego.

Vocabulario y expresiones

señor Rodríguez　ロドリゲスさん（男性）（Sr. Rodríguez と略す）　　señora Martínez　マルティネスさん（女性）（Sra. Martínez と略す）　　luego　後で　　Hasta luego.　また後で。（別れの挨拶）

Explicación 2

・敬称（～さん、～氏）
　señor Rodríguez の señor（Sr.）：男性の姓（apellidos）に付ける敬称
　señora Martínez の señora（Sra.）：女性の姓に付ける敬称
　señorita（Srta.）：未婚女性や若い女性に付ける敬称
巻末付録 → p. 66　Un poco de gramática　呼びかけの表現

・「こんばんは」が「おやすみなさい」？
　Buenas noches.：別れる際に言う →「おやすみなさい」という意味。
　Buenos días. や Buenas tardes.：別れの際に言うと →「よい1日をお過ごしください」。adiós とともに用いることが多い。
　例）Adiós. Buenas tardes.

・hasta を使った別れのあいさつ
　hasta：「～まで」という意味。
　Hasta mañana. ＝「明日まで。」→「明日また会う時まで。」：別れのあいさつ。
　Hasta luego.：またあとで。Hasta pronto.：すぐあとでね。
　Hasta la próxima semana.：また来週。

Ejercicios

🎧 **1** 次の各語を発音しましょう。
4 Base レベルの問題

1) hotel
2) Granada
3) hospital
4) tortilla
5) Miguel

2 **3** の各文の（　　）内に、日本語訳を参考に適切な語を入れて文章を完成させましょう。

🎧 **3** 音声を聞いて、（　　）に入れた語があっていたか確認しましょう。
5 Base レベルの問題

1) (　　　　　　　).　　　　　　やあ。
2) Buenos (　　　　　).　　　　　おはようございます。
3) (　　　　　) tardes.　　　　　こんにちは。
4) (　　　　　) noches.　　　　　こんばんは。おやすみ。
5) ¿(　　　　　) tal?　　　　　　元気？
6) Muy (　　　　　).　　　　　　元気です。
7) (　　　　　　　).　　　　　　ありがとう。

Un poquito más レベルの問題

8) Hola, buenas tardes, (　　　　　　) Tanaka.　　やあ、こんにちは、田中さん（男性）
9) Hola, (　　　　　　) Sato, buenas tardes.　　　やあ、佐藤さん（女性）、こんにちは。
10) (　　　　　　), hasta (　　　　　　).　　　　さようなら、また明日。
11) (　　　　　　)(　　　　　　).　　　　　　　またあとで。

> **Cultura**　スペイン語圏の人の名前
>
> 　スペイン語圏の人の名前は、少し長いものが多いです。
> 　なぜなら、姓は父方の姓と母方の姓を一つずつ組み合わせるのが基本ですし、個人の名前（ファーストネーム）も María のように１つの語からなるものの他に、José María（男性）、María José（女性）のように２つの語の組み合わせで、１つの名前になるものもあるからです。

4

Lección 2　簡単な自己紹介をしてみよう

声に出して覚えよう！

 Hola. Buenos días.

Buenos días.

 Soy Jorge.

Yo soy Izumi.

 ¿Eres china?

No, no soy china. Soy japonesa.

 Mucho gusto.

Encantada.

Vocabulario y expresiones

Hola. やあ。　Buenos días. おはよう。こんにちは。　Soy ~. 私は～です。　Jorge ホルヘ（男性の名）
Izumi いずみ（日本人女性の名前）　¿Eres ~? あなたは～ですか。君は～かい。　china 中国人女性／
中国人男性は chino　no （文頭で）いいえ　no （動詞の前で否定文を作る）～ではありません
japonesa 日本人女性／日本人男性は japonés　mucho たくさんの　gusto よろこび
Mucho gusto. はじめまして。（←たくさんのよろこび＝会えて嬉しい）
Encantada. （女性が言う）はじめまして／（男性が言う場合は）Encantado.

Práctica

- 先生に続いて、少なくとも 5 回は声に出して、 Base の表現をすべて覚えてしまいましょう。
- 近くの席の人と一緒に練習しましょう。
- 登場人物の Izumi（女）を Keita（男）に変えると会話全体はどうなるでしょうか。
  Vocabulario y expresiones の説明をよく読んで、考えて練習してみましょう。
- 近くの席の人たちとスペイン語で自己紹介をしあいましょう。

¡Ojo!

「はじめまして」： Encantada. ／ Encantado.： 言う人の性別に合わせて形が変わる。
大まかなルール： 多くの名詞や形容詞： -a で終わる＝女性形　-o で終わる＝男性形
例）中国人：男性＝chino　女性＝china　　　ペルー人：男性＝peruano　女性＝peruana
男性形が -o で終わらない場合
例）日本人：男性＝japonés　女性＝japonesa　　スペイン人：男性＝español　女性＝española
　　注意！　Mucho gusto.「はじめまして」→ 言う人が男性でも女性でも同じ形。

Explicación 1

j, r, ch, qui, que

- Jorge（ホルヘ）の jo：「ホ」
  ja, ji, ju, je, jo：「ハ」「ヒ」「フ」「ヘ」「ホ」と発音。
  日本語の「は行」の音とは異なる音 → 何度も先生の真似をして発音練習しましょう。
- Jorge の r：口の中で舌を一度弾く音。
  日本語の「ら行」音と似ているが異なる音 → 何度も先生の真似をして発音練習しましょう。
- 単語の最初の r-（例：rosa バラ）と語の途中の -rr-（例：perro 犬）：いわゆる「巻き舌」
- ch：「チャ行」の音　cha「チャ」、chi「チ」、chu「チュ」、che「チェ」、cho「チョ」。
- Quique（キケ）：qui「キ」、que「ケ」。
  ca, qui, cu, que, co：「カ」「キ」「ク」「ケ」「コ」と発音。

声に出して練習しよう！

Quique: Hola, soy Quique. Soy mexicano. ¿Y tú?
Izumi: Yo soy Izumi, soy japonesa, de Fukuoka. Encantada.
Quique: Encantado. ¿Y tú?
Mari: Yo soy Mari, soy japonesa, de Hokkaido. Encantada.
Quique: Encantado. Ah, vosotras sois japonesas.
Izumi y Mari: Sí, nosotras somos japonesas.

* * *

Quique: Ah, este es Jorge y esta es Ana. Ellos también son estudiantes.
Izumi: Hola, mucho gusto.
Jorge: Encantado.
Ana: Encantada.

Vocabulario y expresiones

Quique キケ（男性の名）　　mexicano メキシコ人男性（メキシコ人女性＝mexicana）
de 「〜から」「〜の」を意味する前置詞　→ de Fukuoka で「福岡出身（生まれ）」　y 〜と、そして（英語の and にあたる）　tú あなた、君　vosotras あなた方、君たち（相手が全員女性の場合）相手に1人でも男性がいる場合 → vosotros　sois ← ser（〜である：vosotras sois 〜，vosotros sois 〜：君たちは〜である）　Sí はい　nosotras わたしたち（全員女性の場合のみ）「私たち」の中に1人でも男性がいる場合 → nosotros　somos ← ser（〜である：nosotras somos 〜，nosotros somos 〜：私たちは〜である）　este, esta これ、こちらの人　este＝男性を指して「この人」、esta＝女性を指して「この人」　es ← ser（〜である：este es〜，esta es〜：こちらの人は〜です）　son ← ser（〜である：Ana y Jorge son 〜：アナとホルへは〜です）　ellos 彼ら　también 〜もまた、〜も
Ellos también son estudiantes.（Ana y Jorge también son estudiantes.：アナとホルへも学生です。）

¡Ojo!

ser「〜である」は主語にあわせて形が変わる。ルールをみつけよう。　→ **Un poco de gramática**

Explicación 2

単数形と複数形（複数形のつくり方）

japonés（単数）→ japoneses（複数）　español（単数）→ españoles（複数）
japonesa（単数）→ japonesas（複数）　española（単数）→ españolas（複数）

・japonés や español のように a, i, u, e, o 以外の文字で終わっている語 → -es を付ける。
・japonesa や española のように a, i, u, e, o で終わっている語 → -s を付ける。

Ejercicios

1. Un poquito más の会話の日本人を Mari（女性）を Keita（男性）にして練習しましょう。

2. （　　）内に ser を適切な形に変えて入れましょう。
   1) Yo (　　) Keita.　　　　　　　　　僕はケイタです。
   2) ¿Tú (　　) japonés?　　　　　　　君は日本人ですか。
   3) Nosotros (　　) españoles.　　　　私たちはスペイン人です。
   4) Yo no (　　) china.　　　　　　　私は中国人ではありません。
   5) ¿Vosotros (　　) de Hokkaido?　　君たちは北海道出身ですか。
   6) Izumi (　　) japonesa.　　　　　　イズミは日本人です。
   7) ¿Tú (　　) de Fukuoka?　　　　　君は福岡出身ですか。
   8) Quique y Jorge no (　　) japoneses.　キケとホルヘは日本人ではありません。
   9) Nosotras (　　) españolas.　　　　私たちはスペイン人です。
   10) Yo (　　) Izumi.　　　　　　　　　私はイズミです。

Cultura　スペインの通貨今昔

　スペインの現在の通貨はユーロ（euro）と言います。スペイン語の発音では「エウロ」ですね。しかし、これは 2002 年に新たに導入されたヨーロッパの他の国々との共通通貨で、それよりも前はペセタ（peseta）という通貨を使っていました。
　ユーロが通用するのは 25 か国ですが、これと欧州連合（EU）加盟国は完全には一致せず、ユーロを使っているけれども欧州連合には加盟していない国、欧州連合に加盟はしているけれどもユーロを使っていない国もあります。後者の代表がイギリスでしたが、そのイギリスは 2016 年 6 月の国民投票で欧州連合からも離脱することを決めてしまいました。

Un poco de gramática

Yo <u>soy</u> Izumi.	「私はイズミです。」の	**soy**
¿<u>Eres</u> china?	「君は中国人ですか？」の	**eres**
Este <u>es</u> Jorge.	「この人はホルヘです。」の	**es**
Nosotras <u>somos</u> japonesas.	「私たちは日本人です。」の	**somos**
Vosotras <u>sois</u> japonesas.	「君たちは日本人なんだ。」の	**sois**
Ellos también <u>son</u> mexicanos.	「（この人たち）もメキシコ人です。」の	**son**

── 動詞 ser の変化形

巻末付録 → p.69 活用表 ①

Lección 3 スペイン語のあいさつのバリエーションを増やそう

声に出して覚えよう！

 ¿Qué tal, Jorge? ¿Cómo estás?

Estoy bien, gracias. ¿Y tú, Izumi?

 Yo también. Estoy muy bien.

Chao. Hasta luego.

 Hasta pronto.

Vocabulario y expresiones

¿Cómo estás? （¿Qué tal?と同様に）元気ですか。調子はどう。　　Estoy bien. （私は）調子いいよ。元気だよ。
¿Y tú? で、君は。　　Yo（文頭でなければyo）私（英語のI）　　también ～も、～もまた
Hasta luego. またあとでね。　　Hasta pronto. すぐあとで。　どちらも別れのあいさつ
y ～と（英語のand）　　tú 君、あなた（親しい間柄の相手に対して使う）（英語のyou）

Práctica

- 先生に続いて、少なくとも 5 回は声に出して、 Base の表現をすべて覚えてしまいましょう。
- 近くの席の人と一緒に練習しましょう。

¡Ojo!

- 復習です。Qué, hasta はどのように発音するのでしたか。
- ch はどんな音に聞こえますか。
- 上の会話の中に形が似た単語がいくつか出てきました。どれとどれが似ているか挙げてみましょう。

Explicación 1

¿Qué tal? ／ ¿Cómo estás?

 → Muy bien. ／ Estoy bien. ／ Estoy muy bien.　などと答える。

- ¿Cómo estás? の estás, Estoy bien. の estoy

 →動詞 estar がそれぞれ yo（私）、tú（君）に対応して変形したもの。

 （英語の How are you? → I am fine. の are／am と同じようなもの）

- también は「〜もまた（同じです）」という意味です。

 — Soy estudiante.　　私は学生です。　　　　— Yo también.　　私もです。

 — Voy al baño.　　私、トイレへ行きます。　　— Yo también.　　私も。

声に出して練習しよう！

Sr. Rodríguez: Hola, señora Martínez. ¿Cómo está usted?

Sra. Martínez: Bien. ¿Y usted?, señor Rodríguez, ¿cómo está?

Sr. Rodríguez: Estoy resfriado, pero ya estoy mejor.

Sra. Martínez: Cuídese.

Sr. Rodríguez: Gracias.

Vocabulario y expresiones

Estoy resfriado. 私は風邪をひいています。(男性が言う場合)　　**Estoy resfriada.** 私は風邪をひいています。(女性が言う場合)　　**ya** もう、すでに　　**pero** でも、しかし　　**Ya estoy mejor.** もうよくなりました。(前よりも元気になりました。)　　**Cuídese.** お大事に。体に気をつけてください。
Cuídate. 体に気をつけてね。(親しい相手 (tú) に対して言う場合)

Explicación 2

- 姓に Sr. (señor), Sra. (señora), Srta. (señorita) を付けて呼ぶ相手 → usted (あなた) を使う。
  Quique, Jorge, Izumi などファーストネームで呼ぶ相手 → tú (君) を使う。
  → **Un poco de gramática** (p. 66)
- ¿Cómo está usted? は ¿Cómo estás (tú)? よりも丁寧な「お元気ですか。」「調子はどうですか。」。
- 「私は疲れている。」 Estoy cansado. (男性の場合)　　Estoy cansada. (女性の場合)
- estar: ¿Cómo estás?「君、調子はどう。」Estoy bien.「私は元気よ。」などの「君」=「今の調子」「私」=「元気よ」の「＝」にあたる動詞。
  英語の How $\boxed{are}$ you? I $\boxed{am}$ fine. の $\boxed{are}$ や $\boxed{am}$ (be 動詞)。
  ser と違って、一時的な状況を表す場合に使う。

英語の I, you, he, she, we, they

スペイン語では…

私 yo, 君 tú, 彼 él, 彼女 ella

私たち nosotros, (女性だけなら) nosotras

君たち vosotros, (女性だけなら) vosotras

彼ら ellos, 彼女たち ellas

目上の人や初めて会う人など → usted (あなた), ustedes (あなた方)。

Ejercicios

1 (　　) 内に適切な語を入れて文章を完成させましょう。
Base レベルの問題

— Antonio, ¿cómo (　　　　　　)?
— (　　　　　　) muy bien, gracias, ¿Y tú, Ana?
— (　　　　　　) resfriada. Pero ya (　　　　　　) mejor.
— Cuídate.

2 (　　) 内に適切な語を入れて文章を完成させましょう。習っていない表現が出てきても、日本語訳を参考にして考えましょう。
Base レベルの問題

— Hola, señorita Suzuki, buenos días. ¿(　　　　　　) (　　　　　　) usted?
　　　　　　　　　　　　　　　　　　やあ、鈴木さん、おはようございます。お元気ですか。
— Estoy (　　　　　　). ¿Y usted, señor Gómez?　私は疲れています。で、ゴメスさんは。
— Yo (　　　　　　).　　　　　　　　　　　　私もです。
— Cuídese.　　　　　　　　　　　　　　　　　体に気をつけて。
— Usted (　　　　　　).　　　　　　　　　　あなたもね。

Cultura　働き者のスペイン人

　日本には、「ラテン系の人は陽気だけど時間にルーズだ」とか、「スペインにはシエスタ (siesta) という昼寝の習慣があるなど、ちょっとのんびりしていて、怠け者じゃないか」などと誤解している人が多いように思います。

　確かに、パーティー (fiesta) には遅れていくのが普通だとか、スペインでは午後に2時間ほど、シエスタの時間にお店が閉まるなど、時間の使い方についての考え方やルールが日本とは違っているところがあります。しかし、だからと言って「ルーズ」だとか「怠け者」だからと決めつけてはいけません。

　スペイン語圏の多くの街では、朝早くからビジネスマンがキビキビと働いていますし、本書でもよく出てくるバル (bar) やカフェ (cafetería) は早朝から深夜まで営業しています。昼に2時間休んでいる商店も夜は遅くまで営業していたりします。ですから、みんなとても働き者なのです。その上で、家族や友達と過ごす時間も大事にして思いっきり楽しんでいるわけですから、日本の人よりも時間の使い方が上手なのかもしれません。

Lección 4　ふだん何をしているのか話してみよう

 声に出して覚えよう！

 Hola, Izumi, ¿cómo estás hoy?

Estoy muy bien, gracias. ¿Y tú, cómo estás?

 Muy bien, gracias. Por cierto, Izumi, ¿qué estudias en la universidad?

Estudio español en el curso para extranjeros. ¿Y tú, Jorge, qué estudias?

 Yo estudio lingüística española.

Vocabulario y expresiones

por cierto （話題を転換する）ところで　　qué （疑問詞）何を、何が、どんな
estudias ← estudiar（勉強する：tú estudias：君は勉強する）　　en （場所を示す）〜で
la universidad　大学（ここでは Izumi や Jorge が通う大学）　　estudio ← estudiar（勉強する：yo estudio：私は勉強する）　　español　スペイン語　　el curso para extranjeros　外国人向けコース・課程（Izumi が学んでいるコース）　　lingüística española　スペイン語学

Práctica

・先生に続いて、少なくとも5回は声に出して、 Base の表現をすべて覚えてしまいましょう。前半のあいさつは既に出てきた表現ですので、スラスラ言えるようにしましょう。
・近くの席の人と一緒に練習しましょう。

¡Ojo!

¿Qué estudias en la universidad?（君は大学で何を勉強しているの。）
Estudio español.（私はスペイン語を勉強しています。）
　「勉強する・している」：相手に尋ねる場合と自分が答える場合では形が違う。
英語：*What do you study at the university? I study Spanish ....* study は同じ形。
estudias や estudio は英語の *study* に当たる動詞
辞書に載っている形＝estudiar：原形・不定詞
Lección 2 で勉強した動詞 ser：形がまるごと変わる（soy, eres, es, somos, sois, son）。
この動詞 estudiar：語の一部だけ形が変わる（estudio, estudias, estudia estudiamos, estudiáis, estudian）。
主語に合わせて語尾（-ar）を変えるだけ。
estudiar の -ar の部分を -o にする：estudiar → estudio「私」が勉強する。
estudiar の -ar の部分を -as にする：estudiar → estudias「君」が勉強する。

Explicación 1

・universidad や curso の前に付いている la や el（英語の *the* に相当する語）は定冠詞。
　常識や文脈から話し手と聞き手との間で，何を指しているのかが明らかな名詞に付ける。
　例）Jorge が Izumi に「大学で何を勉強しているの。」と尋ねる場合の「大学」
　　　＝「Jorge と Izumi が通う大学」→ la を付ける。la universidad
　　　　名詞の性と単数・複数の区別に合わせて4つの形がある。
　el libro（男性単数）、los libros（男性複数）、la casa（女性単数）、las casas（女性複数）

¡Ojo!

スペイン語の名詞には男性名詞（libro, curso, español など）と女性名詞（universidad, casa, española）がある。（→ p. 6 ¡Ojo! ）

声に出して練習しよう！

「勉強する」以外の動詞 trabajar, hablar, visitar, comprar も同じように形が変わります。
・動詞を探して、動詞に下線を引いてみよう！

  Izumi: ¿Jorge, estudias inglés?

  Jorge: No, no estudio inglés, pero hablo un poco. ¿Y tú?

  Izumi: Estudio mucho inglés en Japón, pero no lo hablo muy bien.

Vocabulario y expresiones

inglés 英語 hablo ← hablar（話す：yo hablo：私は話す） un poco 少し
mucho たくさん、多く Japón 日本 pero しかし、でも
No lo hablo muy bien. 私はそれをあまり上手に話さない。 lo（それを）← inglés（→ **Lección 13**）
No hablo muy bien inglés.（私は）あまり上手に英語を話さない。

Explicación 2

否定文を作る no

 No estudio inglés. や No hablo muy bien inglés. 否定文：動詞の前に no を置くだけ。
 Hablo alemán. 私はドイツ語を話します。
 No hablo alemán. 私はドイツ語を話しません。
 ただし、lo hablo のように動詞の前に lo などがある場合は lo hablo の前に no を置く。
 No lo hablo. 私はそれを話さない。（→ **Lección 13**）

Ejercicios

1 先に出てきた estudiar（勉強する）と hablar（話す）に、trabajar（働く）、comprar（買う）、visitar（訪ねる）という動詞も加え、日本語の意味に合うように、動詞の形を変えて（　　）内に入れましょう。

1) Tú no (　　　　　　　　) mucho.　　　　君はあまり働かないんだね。
2) Yo (　　　　　　　) la casa.　　　　私はその家を買います。
3) ¿Tú (　　　　　　　) Barcelona?　　　君はバルセロナを訪ねますか。
4) Yo (　　　　　　　) japonés.　　　　私は日本語を話します。
5) ¿ (　　　　　　　) español o alemán?　君はスペイン語とドイツ語のどちらを勉強しているの。

Cultura　スペイン語の挨拶

　スペインでは、午前から昼過ぎ（昼食の時間：午後2時から4時頃）にかけて人に会った時 Buenos días.（おはよう、こんにちは）と挨拶します。午後の日没までの時間帯では Buenas tardes.（こんにちは）、日没から就寝時間までは Buenas noches.（こんばんは、おやすみなさい）と言います。

　これらのスペイン語の挨拶は、人と会う時はもちろんですが、別れる時にも使えるので便利です（→ Lección 1）。Adiós, buenos días. のように、adiós と一緒に使われることが多いです。

　Hola. は人と会った時に使える最も簡単でくだけた挨拶です。また、Chao. はイタリア語から入った挨拶（イタリア語では Ciao.）で、イタリア語では人と会った時にも別れる時にも使われるのですが、スペイン語では「さようなら、またね」と行った意味の別れの挨拶として使われます。

Un poco de gramática

estudiar や hablar のように -ar で終わる動詞の変化を確認しましょう。

巻末付録 → p. 69 活用表 3

Lección 5　スペイン語で読んだり、書いたり、食べたり飲んだり、話したりしよう

声に出して覚えよう！

 ¿Qué comemos hoy?

No sé. ¿Por qué no comemos algo ligero, por ejemplo, un bocadillo?

 Entonces, tú comes un bocadillo. Yo como pasta.

¿Qué bebes?

 Bebo agua con gas. ¿Y tú?

Yo, agua sin gas.

Vocabulario y expresiones

qué　何　　comemos ← comer（食べる: nosotros comemos: 私たちは食べる）　　hoy　今日
No sé.（私は）わかりません、知りません。　　sé ← saber（知っている: yo sé: 私は知っている）
¿Por qué no...?　〜しませんか。（誘いかけ、提案など）　　algo　何か　　ligero　軽い
por ejemplo　例えば　　un bocadillo　（バゲットの）サンドイッチ1個　　entonces　それでは、じゃあ
pasta　パスタ　　bebes ← beber（飲む: tú bebes: 君は飲む）　　bebo ← beber（飲む:
yo bebo: 私は飲む）　　agua con gas　炭酸入りの水　　agua sin gas　炭酸の入っていない水

Práctica

- 先生に続いて、少なくとも5回は声に出して、 Base の表現をすべて覚えてしまいましょう。
- 近くの席の人と一緒に練習しましょう。

¡Ojo!

注意すべきつづりと発音

 ligero, bocadillo,（ge と llo は「ヘ」「ジョ」。「ゲ」「ロ」ではない！）
- comer「食べる」、beber「飲む」は、誰がその動作をするかによって形が変わる。
- comer → （nosotros, nosotras）comemos：私たちは食べる
    → （yo）como：私は食べる　（tú）comes：君は食べる
- beber → （yo）bebo：私は飲む　（tú）bebes：君は飲む
    （では、「私たちは飲む」は？）

Explicación 1

- スペイン語の動詞 → **Lección 4** の estudiar（勉強する）やここで出てきた comer や beber のように、誰がその動作を行うか（主語）によって、形が変わる。
- 動詞の原形には3つのタイプがある → estudiar, comer, vivir（住む、暮らす、生きる）のように語尾が -ar, -er, -ir のいずれか。
- まずは、現在時制（今のことや、いつもの習慣、分かりきった未来のことなどを表す時制）の変化形をマスターしよう。巻末付録 p. 70 → 活用表 ④
- 巻末付録 p. 69 → 活用表 ③、p. 70 → 活用表 ④ を参考にして、自分のことや家族（私たち）のこと、友人のことを言ったり、書いたりしてみよう。

声に出して練習しよう！

Izumi: Hola, ¿me pones un bocadillo de jamón, por favor?
Camarero: Vale. Un bocadillo de jamón. ¿Algo para beber? Agua, cerveza, vino, refrescos, zumo...
Izumi: Un agua con gas, por favor.
Camarero: De acuerdo.

Vocabulario y expresiones

Me pones ...　〜をください。（bar などカジュアルな飲食店で注文する表現）（→ **Lección 12**）
pones ← poner（置く：tú pones：君は置く）　　　jamón　生ハム、ハム
¿Algo para beber?　何か飲みものは。　　vino　ワイン　　　cerveza　ビール
refrescos　清涼飲料水、主に炭酸飲料　　zumo　ジュース　　de acuerdo　わかりました

Ejercicios

1 日本語の意味に合うように（　　）内に適切な語を入れましょう。

18

Base レベルの問題

1) ¿Qué (　　　　　　)?　　　　　　　　　　君は何を食べる。
2) (　　　　　　) paella, ¿y tú?　　　　　　私はパエージャを食べます。君は。
3) (　　　　　　) pasta.　　　　　　　　　　僕はパスタを食べるよ。
4) Entonces, (　　　　　　) en este bar.　　　じゃあ、このバルで食べようよ。（私たちは食べる）
5) ¿Qué (　　　　　　)?　　　　　　　　　　君は何を飲む。
6) Yo (　　　　　　) agua sin gas. Y tú, ¿qué (　　　　　　)?
　　　　　　　　　　　　　　　　　　　　　　僕は水を飲むよ。で君は何を飲む。
7) Bueno. Yo también (　　　　　　) agua.　じゃあ。僕も水を飲むよ。

Un poquito más レベルの問題

8) Me (　　　　　　) un refresco, por favor.　炭酸飲料をください。
9) De (　　　　　　).　　　　　　　　　　　わかりました。
10) ¿Algo para (　　　　　　)?　　　　　　　何か食べますか？

> **Cultura**　スペインのコンビニ事情
>
> 　スペインには日本のようなコンビニはあまりありません。一応、Tienda de conveniencia というミニショップがガソリンスタンド（gasolinera、estación de servicio）に併設されていたり、大都市に24時間営業の店（tienda 24 horas）はありますが、食事や飲み物は、それほど充実していません。
>
> 　では、みんなどこで軽く食事をしているのでしょうか。それはバル（bar）やカフェテリア（cafetería）と呼ばれるカウンター形式のお店なのです。日本でも最近は手ごろにお酒を飲んだり小皿料理（tapas）が食べられるバルというお店や色々な店で食べ歩きをするバルと呼ばれるイベントがありますが、かなり日本風にアレンジされて輸入されてしまいました。
>
> 　本場のバルは手ごろな飲食店なのですが、オシャレさはあまりありません。お酒だけでなく、朝はコーヒー（café）や朝食（desayuno）、昼はランチ・コース（menú del día）やプレート料理（platos）なども食べられます。水や炭酸、ジュースだけでも注文できますし、地方都市などでは、今も tapas と呼ばれるおつまみが無料で飲み物に付いてくることもあります。老若男女が集い、新聞を読んだり、店主や友達と語らったりする、そんな街の憩いの場になっています。

Lección 6　人の居場所や物の場所を尋ねてみよう

声に出して覚えよう！

 Izumi, ¿dónde estás ahora?

Estoy aquí, en la cafetería. Aquí está Jorge también.
¿Y tú, Quique, dónde estás?

 Yo estoy en la biblioteca.

Vale.

Vocabulario y expresiones

¿Dónde estás?（君は）どこにいるの。　　dónde　どこ（疑問詞）　　ahora　いま　　aquí　ここに、ここで（→ Estoy aquí.:「私はここにいます。」）　　en la cafetería　カフェテリアに（で）（→ Estoy en la cafetería.:「私はカフェテリアにいます。」）　　Jorge también　ホルヘも　　en la biblioteca　図書館に・で（→ Estoy en la biblioteca.:「私は図書館にいます。」）　　Vale.（スペインで）わかった。了解。

Práctica

- 先生に続いて、少なくとも 5 回は声に出して、 Base の表現をすべて覚えてしまいましょう。
- 近くの席の人と A: ¿Dónde estás ahora?　　B: Estoy aquí, en la cafetería. のやりとりを練習しましょう。
- 一度終わったら、役を交替しましょう。
- B の人は、cafetería の部分を、biblioteca　図書館　universidad　大学　estación　駅　clase　教室　に置き換えて練習してみましょう。

¡Ojo!

- estoy, estás, está ← 動詞 estar:「○○は〜にいる、○○は〜にある」
  Lección 3 の Estoy bien.「私は元気です」の estar と同じ動詞。

Explicación 1

estar ＋ 場所を表す表現 →「○○は〜にいます／あります」

場所を表す表現

aquí: ここに　　　　ahí: そこに　　　　allí: あそこに　　　　lejos: 遠くに　　　　cerca: 近くに

lejos de aquí: ここから遠くに　　　　cerca de aquí: ここの近くに　　　　en la biblioteca: 図書館に

声に出して練習しよう！

Izumi: Perdón, ¿dónde están los servicios?
Dependienta: Están al fondo del pasillo, a la izquierda.
Izumi: Gracias.
Dependienta: De nada.

Vocabulario y expresiones

perdón　すみません　　¿Dónde están los servicios?　お手洗いはどこですか。　　al fondo　奥に、突き当たりに　　pasillo　廊下、通路　　Están al fondo del pasillo.　（お手洗いは）廊下の突き当りにあります。
a la izquierda　左に（a la derecha　右に）

Explicación 2

スペイン語の「トイレ」: 様々な呼び名がある。
el baño, el lavabo, el servicio, los servicios, los aseos など。
el baño, el servicio, el lavabo＝単数形。どこにあるのか尋ねる場合 → estar は está
　→ ¿Dónde está el lavabo?
　答える場合 → Está al fondo del pasillo. など。
los servicios、los aseos＝複数形。どこにあるのかを尋ねる場合 → estar は están
　→ ¿Dónde están los servicios?
　答える場合 → Están al fondo del pasillo. など。
話し手と聞き手以外の「物」や「人」がどこにある（いる）のかを言う
　→ está、están を使う。
例）「いずみとホルヘはいま図書館にいます。」
　　「いずみとホルヘ」（Izumi y Jorge）＝2人なので複数 → estar は están
　　→ Izumi y Jorge están en la biblioteca ahora.

Ejercicios

1 動詞の estar を変化させて、日本語の意味に合うように（　　）内に入れましょう。

1) Yo (　　　　　) en España ahora.　　　　僕はいまスペインにいるんだ。
2) Juan no (　　　　　) aquí.　　　　　　　　フアンはここにはいないよ。
3) ¿Tú (　　　　　) en la universidad hoy?　おまえ、今日大学にいるのかい。
4) Juan y Jorge (　　　　　) en los servicios.　フアンとホルヘはトイレにいます。
5) ¿Dónde (　　　　　) la estación?　　　　　駅はどこにありますか。

> **Cultura**　コーヒー色々
>
> 　日本にあるカフェ（喫茶店）でエスプレッソというコーヒーを注文するとき、店員さんが気遣かって（あるいは、エスプレッソがどんなコーヒーなのかを客が知らずに頼んでいると疑って？）「これは小さいカップに入った少量の苦いコーヒーですがよろしいですか」などと言ってくれることがありますね。これは味が薄くてたっぷり入ったアメリカンコーヒーが定番になっている日本ならではのことで、スペイン語圏では考えられません。スペイン語で un café といえばエスプレッソが当たり前なのです。
>
> 　なお、コーヒーにミルクも砂糖も入れないものを「ブラック」と呼びますが、スペインでは un café solo（コーヒーのみ）と言い、メキシコなどでは un café negro（黒い）、コロンビアでは un (café) tinto（tinto はスペインでは赤ワインを指す語です）などと呼びます。

Un poco de gramática

英語の be 動詞に相当する動詞：スペイン語には 2 つあります。

1 つは **Lección 2** で学んだ ser　もう 1 つはこの estar（次の②の用法は **Lección 3** で学びました）です。

① 　estar＋場所の表現＝「○○は〜にいる、○○は〜にある」
② 　estar＋形容詞（resfriado　風邪をひいた　cansado　疲れた）・副詞（bien　元気で　mejor　より良く）など＝「○○は〜の状態である」

巻末付録 → p. 69 活用表 ②

Lección 7　頭がいたい。薬ある？　はいどうぞ。

声に出して覚えよう！

 Buenas tardes.

Buenas tardes. Tengo una reserva para esta noche.

 Su pasaporte, por favor.

Aquí lo tiene.

 Gracias. Su firma, por favor.

Ya.

 Gracias. Aquí tiene la llave. Habitación 321.

Muchas gracias.

Vocabulario y expresiones

tengo　← tener（持つ：yo tengo：私は持っている）　　　reserva　予約　　para ～　～のための
esta noche　今夜　　su　あなたの　　pasaporte　パスポート　　aquí　ここに
lo　それ（pasaporte）を　　tiene　「あなたは持っている」← tener（持つ：usted tiene）→ Aquí lo tiene.
「はい、どうぞ。」と言って頼まれたものを相手に手渡す場合に言うフレーズ。　　firma　サイン
ya　もう、すでに（ここでは、「わかりました」、「はい」という意味）　　la llave　鍵、キー
habitación　部屋　　321　（tres dos uno）321号室

> **Práctica**

・先生に続いて、少なくとも5回は声に出して、 Base の表現をすべて覚えてしまいましょう。
・近くの席の人と一緒に練習しましょう。

> **¡Ojo!**

・「持っている」(tener) は誰が持っているかによって形が変わります。
　→「私」(yo): tengo、「君」(tú): tienes、「あなた」(usted): tiene…

巻末付録 → p. 71 活用表 ⑤

数字を覚えよう！

cero (0)	uno (1)	dos (2)	tres (3)	cuatro (4)	cinco (5)
seis (6)	siete (7)	ocho (8)	nueve (9)	diez (10)	

→ 11 以降の数字 p. 75

> **Cultura**　スペイン語圏の宿泊施設
>
> 　スペインやラテンアメリカを旅行すると、国によっても異なりますが、様々なタイプの宿泊施設があることに気づきます。hotel, hostal, pensión... スペインでは、厳密な決まりに基づいてこれらの名称が使い分けられています。建物内にレストランがあり、食事サービスが提供できるかどうか、建物すべてが宿泊施設かどうかなどです。
> 　hotel は独立した建物でレストランもあります。hostal には朝食を除く食事ができるレストランはありません。Pensión はさらに簡素な宿泊施設です。
> 　部屋 (habitación) にはシングル (individual)、ダブル (doble)、ツイン (habitación con dos camas) などの種類があるのは日本のホテルと同じです。安い宿に泊まる場合などは、快適に過ごせそうかどうか、¿Puedo ver la habitación?「部屋を見てもいいですか。」と尋ねて、事前に部屋を見せてもらうといいでしょう。最近は wifi があるホテルが多いので、wifi にアクセスするための暗証番号 (contraseña de wifi) を尋ねましょう。

声に出して練習しよう！

Izumi: Tengo mucha sed.

Quique: Yo también. Vamos a pedir algo para beber. Camarero, ¿tienen agua?

Camarero: Sí, claro. Tenemos agua con gas y agua sin gas.

Izumi: Yo bebo agua con gas.

Quique: Yo, agua sin gas.

Camarero: De acuerdo. Un agua con gas y una sin gas. ¿Para comer?

Izumi: Tengo mucha hambre, también.

Quique: Yo también. Una de calamares y una de patatas bravas, por favor.

Camarero: Muy bien. ¡Una de calamares y una de patatas bravas!

Vocabulario y expresiones

sed　喉の渇き　　mucho, mucha　たくさんの　　→ Tengo mucha sed.　私、とても喉が渇いた。　　tengo ← tener（持つ: yo tengo: 私は持つ）　　también　〜もまた　　pedir　注文する　　Vamos a pedir…　…を注文しましょう。　algo para beber　何か飲むもの　　tienen ← tener（持つ: ustedes tienen: あなた方は持っている→この店にある）　　camarero　ウエイター、camarera　ウエイトレス　　claro　もちろん　　tenemos ← tener（持つ: nosotros tenemos: 私たちは持っている→この店にある）　　agua　水　　gas　ガス・炭酸　　con／sin　英語の with（〜が入っている）／without（〜が入っていない）　　bebo ← beber（飲む: yo bebo: 私は飲む）　　De acuerdo.　了解です。　　hambre　空腹　　Muy bien.　わかりました（いいですよ）。　　calamares　イカ（ここではイカのフライ料理）　　patatas bravas　（ザク切りの）ポテトフライ

Explicación

Un agua con gas y una sin gas.　un と una って何？

・uno：（数字の）1、un libro：一冊の本、una casa：一軒の家。

　un：libro（本), ajo（ニンニク), toro（雄牛), partido（試合）など、主に -o で終わる名詞（男性名詞）の前に置いて、「1つの」を意味する。

　una：casa（家), caja（箱), mesa（机）など、主に -a で終わる名詞（女性名詞）の前に置いて、「1つの」を意味する。

・例外) agua：女性名詞：agua, aula（教室）など最初の a を強く読む語 → un を使う。

・una con gas の una：「女性名詞のもの1つ」という意味

　ここでは、una＝un agua「agua（水）一つ」という意味。

　→ una sin gas＝un agua sin gas「ガス入りの水1つ」という意味。

・una de calamares の una＝una ración「1人前」の省略。

　→ una de calamares＝una ración de calamares「イカの料理1人前」

Ejercicios

🎧 24 **1** 下線部を「表現集」の語句に入れかえて、色々と言いましょう。

— ¿Tienes hambre?　　　　　　　　　　　お腹すいた？
— Sí, tengo mucha hambre. ¿Y tú?　　　　はい、とてもすきました。あなたは？
— No, no tengo.　　　　　　　　　　　　いいえ、ぜんぜん。

> **表現集**
>
> (mucho) sueño 眠気　(mucha) sed 喉の渇き　(mucho) calor 暑さ・熱さ　(mucho) frío 寒さ・冷たさ　un poco de (sueño, sed, calor, frío...) 少しの（眠気、喉の渇き、暑さ、寒さ…）　dolor de (cabeza, estómago, garganta...)（頭、胃、のど…）の痛み　(mucha) fiebre 熱　tos せき
>
> 応用　un cuaderno ノート（＝lo）　un bolígrafo ボールペン（＝lo）　un móvil ケータイ（＝lo）　un reloj 時計（＝lo）

応用：下線部に自分が欲しいものの名前を入れて、相手が持っているか尋ねてみよう。
— ¿Tienes pastillas?（pastillas 錠剤、トローチ）
— Sí, aquí las tienes.（las＝pastillas のことを指している）「はい、どうぞ」の意味。

巻末付録 → p.66　Un poco de gramática

🎧 25 **2** 日本語の意味に合うように（　）内に適切な語を入れましょう。

Base レベルの問題

1) Su (　　　　　), por favor.　　　　　　あなたのお名前をお願いします。
2) ¿(　　　　　)?　　　　　　　　　　　ここですか。
3) (　　　　　) una entrada para este concierto.　私はこのコンサートの入場券を持っています。
4) ¿(　　　　　) pasaporte?　　　　　　　パスポートはお持ちですか。
5) Me gustaría hacer una (　　　　　).　　予約をしたいのですが。
　＊Me gustaría hacer　…したいのですが
6) Mi número de teléfono es el (　　)(　　)(　　)(　　)
　(　　)(　　)(　　)(　　).　私の電話番号は 3456-7890 です。
7) (　　　　　)(　　　　　).　　　　　　どうもありがとう。

Un poquito más レベルの問題

8) ¿(　　　　　) una habitación libre?　　（ホテルで）空室はありますか。
9) (　　　　　) una habitación doble.　　ダブルルームが一室あります。

Lección 8　自分の願望を伝えてみよう

声に出して覚えよう！

 ¿Quieres esto?

¿Qué es eso? ¿Son galletas?

 Sí, son unas galletas famosas de aquí, de Valencia.

Entonces, quiero una.

 Vale, ¿quieres un café también?

Pues, no, gracias. Quiero un té con leche.

Vocabulario y expresiones

quieres ← querer（欲しい・〜したい: tú quieres: 君は欲しい）
¿Quieres esto?「（君は）これが欲しいかい。」　　¿Qué es eso?「それは何ですか。」
Son unas galletas famosas.（それらは）有名なビスケットです。　　entonces　それでは、じゃあ、
quiero ← querer（欲しい・〜したい: yo quiero: 私は欲しい）　　una (galleta)（ビスケット）ひとつ
un café también　コーヒーも　　pues　じゃあ、ええっと　　no, gracias　ありがとう、結構です
un té con leche　ミルクティー　（un té con limón　レモンティー）

Práctica

・先生に続いて、少なくとも 5 回は声に出して、 Base の表現をすべて覚えてしまいましょう。
・近くの席の人と一緒に、 A: ¿Quieres un café?　B: No, gracias. Quiero un té con limón.
　のやりとりを練習しましょう。
・一度終わったら、役を交替しましょう。
・B の人は、un té con limón の部分を、un agua（一杯の水）、un café con leche（一杯のカフェオレ）、un chocolate caliente（一杯のホットチョコレート／ココア）に置き換えて練習しましょう。
・「一杯のミルク」は何と言うか考えてみましょう。

¡Ojo!

相手が「これ」と指したもの　＝　あなたにとっては？→「それ」ですね。
この感覚はスペイン語でも同じです。
「これ」: esto　「それ」: eso　「あれ」: aquello です。
ただし、これらは、名前や正体の分からないものを指す場合に限られます。（→ p. 40）

Explicación 1

・(yo) quiero「私は欲しい」、(tú) quieres「君は欲しい」← querer：〜を望む、〜が欲しい
A: ¿Qué quieres?　B: Quiero un café con leche.
　などと会話練習を何度もして、これらを覚えましょう。
・Jorge quiere un té.「ホセは紅茶が欲しい。」
　Quique también quiere un té.「キケも紅茶が欲しい。」
　←「彼／彼女は欲しい」＝quiere
・Jorge y Quique quieren té.
　←「彼らは欲しい」＝quieren
ここまで querer は語の中間にある -e- という母音が -ie- となっていることに注意しましょう。
・(nosotros／nosotras) queremos「私たちは欲しい」、(vosotros／vosotras) queréis「君たちは欲しい」
　A: ¿Qué queréis?「君たちは何が欲しいの。」B: Queremos café.「コーヒーが欲しい。」
　この 2 つだけ、語の中間にある -e- という母音はそのままです。（→ p. 32）

声に出して練習しよう！

Jorge: ¿Por qué no tomamos algo?

Izumi: Sí, claro. Quiero ir a ese bar.

Jorge: Vale, vamos.

(En el bar)

Camarero: Buenas tardes, ¿qué queréis tomar?

Jorge: Izumi, ¿qué quieres tomar? Yo quiero tomar un cortado.

Izumi: Pues, yo quiero tomar un zumo de naranja.

Jorge: Entonces, un cortado y un zumo de naranja, por favor.

Vocabulario y expresiones

¿Por qué no 〜?　〜するのはどうだろうか。／〜しませんか。　　tomamos algo　← tomar（飲む、食べる：nosotros tomamos：私たちは飲む・食べる）　　algo　何か　　Quiero ir a ese bar.　私はそのバルに行きたい。　　¿Qué queréis tomar?　（君たちは）何を飲み（食べ）たいですか。
un cortado (un café cortado)　エスプレッソに少しのミルクを入れたコーヒー
un zumo de naranja　オレンジジュース

Explicación 2

・Quiero ir： querer＋ir（「行く」という意味の動詞の原形（不定詞））「私は行きたい」

→ querer＋別の動詞の原形＝「〜したい」という意味。

英語の「*want to* 不定詞」と同じですね。必ず覚えて使いたい表現です。

Ejercicios

1 動詞の意味に合うように、(　　) 内にふさわしい語を入れましょう。

1) (　　　　　) ir a España.　　　　　　　　私はスペインへ行きたい。
2) Juan (　　　　　) estudiar japonés.　　　フアンは日本語を学びたがっている。
3) Nosotros (　　　　　) una pizza.　　　　私たちはピザがほしいです。
4) ¿Qué (　　　　　) comprar ahí?　　　　　君はそこで何が買いたいの。
5) ¿Qué (　　　　　) leer en la biblioteca?　君たちは図書館で何を読みたいの。
6) (　　　　　) aquello.　　　　　　　　　　私はあれがいい (ほしい) です。
7) Yo (　　　　　) una caña.　　　　　　　　私は生ビールがほしいです。

Cultura　スペイン語圏の飲料水

　東南アジアのタイで日本語教育に携わっている知人から、「スペイン人や日本人のスペイン語の先生方って、なぜいつも炭酸水を飲んでいるのですか」と聞かれたことがあります。そのとき、筆者もペットボトルの炭酸水を飲んでいました。サイダーではなく、味のない炭酸水です。
　これは味の付いた炭酸飲料に慣れた人にとっては少し微妙に感じられるかもしれません。しかし、スペイン語圏でミネラルウォーターをレストランなどで注文すると、「炭酸入りですか、炭酸無しですか」と聞かれるぐらい炭酸水はおなじみのものなのです。どちらを好むかには個人差がありますが、炭酸水を頼むと冷えている可能性が高い、また、最近はあまりありませんが、ミネラルウォーターを水道水と取り換えられる詐欺に遭いにくいといった利点があります。このことに慣れている先生方は、日本にいても味のない炭酸水をよく飲んでいる、という訳です。

Un poco de gramática

動詞 querer (〜が欲しい、望む、〜したい) の活用をここで整理しておきましょう。単語の中間にある母音 -e- が -ie- に変化するのは、緑色の枠の中だけで、それ以外の２つは -e- のままです。

	単　数	複　数
１人称 (話し手)	(私は) quiero	(私たちは) queremos
２人称 (聞き手)	(君は) quieres	(君たちは) queréis
３人称 (原則として話し手と聞き手以外)	quiere	quieren

Lección 9　今日はどこへ行く？

声に出して覚えよう！

 ¿A dónde vas?

Voy al supermercado.

 ¿Qué vas a comprar?

Voy a comprar verduras y frutas.

 ¿Qué verduras?

No sé. Unas berenjenas, zanahorias y tomates, quizás.

Vocabulario y expresiones

a ～　～（場所）へ　　dónde　どこ（a dónde=adónde　どこへ）　　vas ← ir（行く：tú vas：君は行く）　voy ← ir（行く：yo voy：私は行く）　　el supermercado　スーパーマーケット　　al ← a+el　vas a comprar　（← ir a+comprar（買う））君は買うつもりだ　　voy a comprar　（← ir a+comprar（買う））私は買うつもりだ　　verdura　野菜　　berenjena　ナス　　zanahoria　ニンジン　tomate　トマト　　No sé.　（私は）わかりません。　　quizás　たぶん

> **Práctica**

・先生に続いて、少なくとも 5 回は声に出して、 Base の表現をすべて覚えてしまいましょう。
・近くの席の人と一緒に練習しましょう。

> **¡Ojo!**

・「行く」（ir）は誰が行くのかによって形が変わります。
　→ (yo) voy「私が行く」　(tú) vas「君が行く」　(él, ella, usted) va「彼・彼女・あなたが行く」…
・voy a comprar や vas a comprar のように voy や vas に a comprar が付くと、「買うつもり」（意志）や「買うだろう」（未来）を表します。
　→ ir＋a＋動詞の原形＝「～するつもり」／「～するだろう」という意味。

巻末付録 → p. 71 活用表 7

> **Cultura** スペイン語圏の料理
>
> 　スペイン語圏はとても広いので、食べ物もとても多様です。
> 　スペイン料理は日本でも食べられるレストランが増えてきましたが、メキシコ料理やペルー料理などはまだまだ食べられる場所は多くありません。ぜひ、現地に行って本場の味を楽しみましょう。スペイン料理といえば paella と呼ばれる米料理が有名ですが、日本でもよく知られているのは、シーフードなどたくさんの具が入った paella mixta や paella marinera というものです。しかし、paella 専門店に行くと他にも様々な種類があります。イカ墨で真っ黒な arroz negro やコメの代わりにパスタを使った fideuá なども試してみましょう。
> 　手軽な料理としては、bocadillo があります。イカのフライ（calamares）や生ハム（jamón）ジャガイモなどの入ったオムレツ（tortilla）を挟んだものもおすすめです。
> 　メキシコ料理で有名なのは tacos ですが、その皮も tortilla といいます。またパンに具を挟んだ tortas やチーズ（queso）が入ったピザのような quesadilla も手軽に食べられておいしいですよ。ペルー料理では魚やシーフードのマリネ（ceviche）など日本人の口に合う料理がたくさんあります。ペルーには中国系移民の chifa と呼ばれる料理があるため、その影響もあり、美味しい料理が多いとも言われています。最近はニューヨークなどでもペルー料理のレストランが大人気だそうです。

声に出して練習しよう！

Izumi: ¿A dónde vamos esta tarde?

Quique: Vamos al centro.

Izumi: ¿Y qué vamos a hacer?

Quique: Vamos a comer algo bueno.

Izumi: Entonces, vamos al restaurante mexicano.

Quique: ¡Buena idea!

(En el restaurante)

Izumi: ¿Tienen tacos?

Camarero: Sí, tenemos tacos de carne y de pollo.

Izumi: Bueno. Voy a probar tacos de carne.

Quique: Entonces, yo voy a comer tacos de pollo.

Vocabulario y expresiones

vamos ← ir（行く: nosotros vamos, nosotras vamos: 私たちは行く）　　esta tarde 今日の午後
el centro 中心街、町の中心部、繁華街　　al ← a+el　　y そして、と（英語の and）
hacer 〜する　　entonces それでは、じゃあ　　comer 食べる　　algo bueno 何かおいしいもの
restaurante レストラン　　mexicano メキシコ（料理）の（発音に注意）　　buena idea グッド・アイデア、いい考え　　tienen ← tener（持つ: ustedes tienen: あなた方は持っている → このレストランにある〈客から店員に尋ねる場合〉）　　tenemos ← tener（持つ: nosotros tenemos, nosotras tenemos: 私たちは持っている → このレストランにはある〈店員から客に対して言う場合〉）　　carne 肉（この場合、牛肉）
pollo 鶏肉　　bueno （間投詞）じゃあ、よし　　probar 試す、食べてみる

Ejercicios

1 **Práctica** これまでに学んだ表現と以下の例文を使って、近くの席の人たちと次の2つの場面を想定して、ロールプレイで会話をしてみましょう。それぞれの役になりきりましょう。

場面1）：列車内や飛行機内で隣に座ったスペイン語を話している人に勇気を出して話しかけてみる。

ミッション：出身地を聞き出す。どこへ行くかを尋ねる。相手があなたのタイプの人だったので、思わず、「私も同じ目的地に行くんだ！」と伝え、一緒にレストランで食事をしようと誘う。

例）¿De dónde eres? ¿A dónde vas? Yo también. Vamos a …, *etc.*

場面2）：付録（p. 76）のメニューを見ながら、1)で知り合った人と一緒に何を食べるかを話し合う。（あなたは何を食べる？　私は〜が食べたいな。などと話してみよう。）

2 日本語の意味に合うように（　　）内に適切な語を入れましょう。

Base レベルの問題

1) — ¿A dónde (　　　　　)? 　　　　　どこへ行くの。
2) — (　　　　　) al mercado. 　　　　　市場へ行きます。
3) — ¿Qué (　　　)(　　　)(　　　　)? 　　何を買うつもりなの。
4) — (　　　)(　　　)(　　　　) carne y pescado. 　肉と魚を買うつもりです。
5) — ¿(　　　　　) a la tienda de José? 　ホセの店に行くの。
6) — (　　　　)(　　　). 　　　　　　わからないわ。

Un poquito más レベルの問題

7) ¿En qué (　　　　) al aeropuerto, en taxi o en tren?
　　　（私たちは）何で空港へ行きましょう。タクシーにしますか、電車にしますか。
8) (　　　　　) en taxi. 　　　　　　タクシーで行きましょう。
9) No (　　　　) dinero. ¿(　　　　　) dinero? 　僕はお金ないよ。君はお金あるの。

Lección 10　あるかないか尋ねてみよう

　声に出して覚えよう！

En una agencia de viajes：旅行代理店にて

 ¿Adónde quieres ir?

Quiero ir a Barcelona en avión. ¿Hay vuelos de Valencia a Barcelona?

 Lo siento, no hay. Pero hay trenes Euromed a Barcelona.

Ah, vale. ¿Cuántas horas se tarda en llegar allí en ese tren?

 Aproximadamente tres horas.

Y, ¿a qué hora sale el siguiente Euromed? ¿Puedo llegar allí a las cinco? Tengo una cita a las seis en el centro de la ciudad.

 Sale a las dos y diez. Puedes llegar a la estación de Barcelona Sants a las cinco.

¡Qué bien! Entonces, quiero comprar un billete de este tren.

Vocabulario y expresiones

¿Adónde quieres ir?　どこへ行きたいのですか／どちらへ行かれますか。　　en avión　飛行機で、飛行機に乗って　　hay ～　～がある、いる　　vuelo　フライト、飛行機の便　　Lo siento.　残念に思います、すみません。　　No hay（～）.　（～は）ありません。　　¿Cuántas horas se tarda..?　何時間かかりますか。　　ese tren　その列車　　aproximadamente　およそ、だいたい　　¿A qué hora sale ～?　～は何時に出発しますか。　　¿Puedo llegar allí a las cinco?　5時に向こうに到着できますか。　　tengo ← tener（持つ：yo tengo：私は持っている）　　una cita　（人と会う）約束　　a las dos y diez　2時10分に　　¡Qué bien!　わあ、よかった。　　este tren　この列車　　billete　きっぷ

> **Práctica**

- 先生に続いて、少なくとも 5 回は声に出して、 Base の表現をすべて覚えてしまいましょう。
- 隣の人と一緒に、A: Quiero ir a Madrid. ¿Hay trenes?　B: Sí, hay. El siguiente tren sale a las cuatro. のやりとりを練習しましょう。一度終わったら、役を交替しましょう。また、tren／trenes の代わりに autobús／autobuses バス　avión／aviones 飛行機　を入れて練習してみましょう。時間を「4 時」以外の時間にしてみましょう。

¡Ojo!

hay ～ 「～がある」英語の there is／are ～ に当たる。
否定文：no hay ～
英語：「あるもの・いるもの」が単数か複数かで be 動詞の形が変わる。
<u>There is</u> a train for Madrid in the afternoon.
　「午後にマドリード行きの列車が 1 本あります。」
<u>There are</u> five trains for Madrid in the afternoon.
　「午後にマドリード行きの列車が 5 本あります。」
スペイン語の hay：「あるもの・いるもの」が単数でも複数でも形は変わらない。
<u>Hay</u> un tren a Madrid por la tarde.「午後にマドリード行きの列車が 1 本あります。」
<u>Hay</u> cinco trenes a Madrid por la tarde.「午後にマドリード行きの列車が 5 本あります。」

> **Explicación 1**

- este、ese：名詞の前に置かれて、「この～」「その～」という意味。指示詞と呼ばれる。
  aquel（あの～）と合わせて、日本語の「この・その・あの」とほぼ同じ。
- puedo（私はできる）　puedes（あなたはできる）… ← poder という動詞の活用形。
  querer の下線部の母音 e → ie に変化したのと同様に、-o- が -ue- に変化する。
  poder ＋動詞の原形（不定詞）→「～できる」（→ **Lección 11**）
  例）Hoy puedo ir al cine.「今日、私は映画に行くことができる。」

巻末付録 → p. 71 活用表 ⑥

声に出して練習しよう！

En un hotel: ホテルにて

Izumi: Hola, buenas tardes.
Recepcionista: Buenas tardes, señorita.
Izumi: ¿Tienen habitaciones libres para esta noche?
Recepcionista: Sí, tenemos justamente una.
Izumi: ¿En la habitación hay ducha? ¿Y wifi?
Recepcionista: Sí, hay ducha y wifi.
Izumi: ¿Cuánto cuesta por una noche?
Recepcionista: 65 euros con desayuno incluido.
Izumi: Muy bien. ¿Puedo ver la habitación?
Recepcionista: Sí, por supuesto. Vamos.

Vocabulario y expresiones

habitaciones libres　空室　　para esta noche　今晩（のために）　　¿Tienen (ustedes) ～?（あなた方は）～をお持ちですか／～はありますか。　　justamente　ちょうど　　¿Cuánto cuesta ～?　いくらですか。
por una noche　一晩あたり（一泊あたり）　　con desayuno incluido　朝食込みで
¿Puedo ～?　（私は）～することができますか／～してもよいですか。　　por supuesto　もちろん

Explicación 2

・¿Cuánto cuesta ～?　「～はいくらですか。」（値段を聞く表現）
　～の部分に、単数の名詞が来れば cuesta、複数の名詞が来れば cuestan。
　この動詞の原形＝costar で、poder と同じように -o- という母音が -ue- となるタイプ。
・値段を尋ねたい物の名前が分からない場合
　→ esto や eso を入れて、「これ・それはいくらですか。」と尋ねれば良い。
　　指を指しながらなら、¿Cuánto cuesta? だけでも伝わる。

Ejercicios

1 日本語の意味に合うように、（　　）内にふさわしい語を入れましょう。

1) ¿(　　　　　) ver la televisión?　　　　　　　　　　（私は）テレビを観てもいいですか。
2) ¿En (　　　　) hotel (　　　　　) una cafetería?　このホテルにカフェはありますか。
3) ¿Cuánto (　　　　) (　　　　) diccionario?　　　この辞書はいくらですか。
4) En (　　　　) parque (　　　　) cuatro niños.　　あの公園に子供たちが 4 人います。
5) Aquí no (　　　　) leche.　　　　　　　　　　　　ここに牛乳はありません。
6) ¿Cuánto (　　　　) (　　　　)?　　　　　　　　　それはいくらですか。

> **Cultura**　旅は道連れ
>
> 　この教科書の筆者たちは二人とも一人旅が好きですが、旅先で「あーこんなとき誰か相方がいればなあ」と思うことは多々あります。ずいぶん前のことですが、Toledo のホテルに一人で宿泊した時、レストランで夕食をとろうとしました。ところが、店内は筆者以外みごとに家族連れか、カップルばかりでした。
>
> 　日本人は個食に慣れていますが、欧米では基本的にレストランというのは一人淋しく食事をするところではないんですね。財布以外の所持品がなく、今のように時間を潰すためのスマホもないし、本も持っていなかったので、食事が出てくるまでの間、そして前菜とメインディッシュの間の時間を、ただ一人喋ることも出来ず辛く感じたのでした。ファーストフード店などを除けば、レストランで完全に一人というのは精神が鍛えられます（笑）。
>
> 　また、空港や駅などでは、大きな荷物を抱えてトイレに入らなくてはいけないことがあります。そういうとき、荷物を全部持って入るのは大変ですので、保安上の観点からも、お互いに荷物番のできる仲間がいると心強いです。トイレが近い筆者たち（笑）はいつも苦労しています。

Un poco de gramática

・スペイン語の指示詞＝「こ・そ・あ」の 3 系統で日本語と同じ。
「この～・その～・あの～」の場合（例「この本」）も、「これ・それ・あれ」の場合も、「指しているもの」の性と数に合わせて形が変わる。

例）este libro（この本〈男性名詞：単数〉）　　estos libros（これらの本〈男性名詞：複数〉）
　　　↓　　　　　　　　　　　　　　　　　　　↓
　　este（これ）　　　　　　　　　　　　　　　estos（これら）
　　esta casa（この家〈女性名詞：単数〉）、　　estas casas（これらの家〈女性名詞：複数〉）
　　　↓　　　　　　　　　　　　　　　　　　　↓
　　esta（これ）　　　　　　　　　　　　　　　estas（これら）

巻末付録 → p. 67　**Un poco de gramática**　「これ」／「それ」／「あれ」
正体の分からないものを指す時の「これ・それ・あれ」（esto・eso・aquello）もある。
（→ **Lección 8**）

Lección 11　チケット売り場はどこにあるの？

Base　声に出して覚えよう！

En un centro comercial: ショッピングセンターにて

 ¿Dónde está la taquilla?

Está allí. Al fondo.

 ¿Está lejos?

No, puedes llegar fácilmente.

 Gracias.

En la taquilla del cine: 映画館のチケット売り場にて

 Hola, buenas. Quiero dos entradas para la próxima sesión.

Son veinte euros.

 ¿Puedo pagar con tarjeta?

Sí. Marca el PIN, por favor.

 Ya está.

Vocabulario y expresiones

¿Dónde está…?（→ **Lección 6**）　　la taquilla　チケット売り場　　allí　あそこに（→ **Lección 6**）
al fondo　奥に　　lejos　遠い（←→ cerca）　　puedes　← poder（〜できる：tú puedes：君は〜できる）
fácilmente　簡単に　　buenas　「こんにちは」などの挨拶のくだけた言い方（＝Buenos días. Buenas tardes. Buenas noches.）　　quiero　← querer（〜したい：yo quiero：私は〜したい → **Lección 8**）
entrada　チケット、入場券　　para 〜　〜のための　　la próxima sesión　次の上映（上演）（参考：el próximo tren：次の列車、la próxima semana：来週）　　veinte euros　20 ユーロ（数詞 → p. 75）
puedo　← poder（〜できる：yo puedo：私は〜できる）　　pagar　支払う　　con tarjeta　カードで
marca　入力してください、プッシュボタンを押してください（← marcar）　　PIN　個人認証番号（**P**ersonal **I**dentification **N**umber：英語）

Práctica

・ペアになって、ロールプレイをしましょう。以下の表現集を参考にして、チケット売り場だけでなく、いろいろな場所を尋ねたり、そこへの行き方を答えてみましょう。
・同じく、下の表現集を使ったり、これまでに学んだ表現や語彙も使って、いろいろなものを買ったり、店員として対応したりしてみましょう。（ヒント： Base の下線部の語句を入れかえましょう。）

表現集

施設名： la biblioteca　図書館　　　la universidad　大学　　　el edificio X　X ビル、X 棟
el restaurante　レストラン　　la tienda de　〜の店　　la estación de X　X 駅
la parada de autobús　バス停
場所関係： aquí, ahí, allí　（→ **Lección 6**）
en frente de　〜の正面に　　detrás de　〜の後ろに　　en cinco minutos　5 分で
物関係： el billete　乗り物などのきっぷ　　un billete a 〜　〜行きのきっぷ 1 枚　（数字は p. 75）
en efectivo　現金で　　Aquí tiene.　はいどうぞ。（手渡す時に言うフレーズ）

¡Ojo!

・「〜できる」の言い方：「〜したい」（**Lección 8**）と同じしくみ。
　puedo pagar： poder（「〜できる」の yo「私」の形）＋pagar（「払う」の原形（不定詞））
　quiero pagar： querer（「〜したい」の yo「私」の形）＋pagar（「払う」の原形（不定詞））

声に出して練習しよう！

Taquillero: Buenos días.

Izumi: Buenos días. Dos billetes de ida y vuelta a Granada, por favor.

Taquillero: Lo siento. No pueden ir a Granada desde aquí.

Izumi: ¿Por qué?

Taquillero: Porque no hay trenes a Granada desde esta estación.

Izumi: Pero queremos ir a Granada hoy.

Taquillero: Pueden ir en autobús.

Izumi: Ah, ¿podemos ir en autobús? Menos mal. ¿Dónde está la estación de autobuses?

Taquillero: No está lejos. Pueden ir andando. Buen viaje.

Izumi: Gracias.

Vocabulario y expresiones

taquillero きっぷ販売員　billete de ida y vuelta 往復きっぷ　Lo siento. すみません。　pueden ← poder（〜できる：ustedes pueden：あなた方は〜できる）　podemos ← poder（〜できる：nosotros podemos：私たちは〜できる）　desde 〜から　¿Por qué? なぜ？　porque なぜなら　no hay 〜がない（←→ hay 〜がある：hay un tren a Granada.）　tren 列車　esta estación この駅　en autobús バスで（en 〜で：乗り物）　menos mal 不幸中の幸いだ。ああ、よかった。　la estación de autobuses バスターミナル　ir andando 歩いて行く　buen viaje 良い旅を

Ejercicios

🎧 37

1 日本語の意味に合うように（　　　）内に適切な語を入れましょう。

Base レベルの問題

1) ¿A dónde (　　　　) (　　　　)?　　　　　　　君はどこへ行きたいですか？
2) (　　　　) (　　　　) a Brasil.　　　　　　　ブラジルへ行きたいです。
3) ¿Papá, (　　　　) (　　　　) esta camiseta?　お父さん、このTシャツ買っていい？
4) ¿Mamá, (　　　　) (　　　　) ya?　　　　　　もう食べていい？
5) Sí, (　　　　) (　　　　) ya.　　　　　　　　うん、もう食べていいよ。
6) Perdón. ¿(　　　　) (　　　　) (　　　　) (　　　　)?
　　　　　　　　　　　　　　　　　　　　　　　すみません。現金で払えますか。

Un poquito más レベルの問題

7) ¿En qué (　　　　) (　　　　) al aeropuerto?
　　　　　　　　　　　　　　　　　　　　（私たち）何（の乗り物）で空港へ行くことができますか。

8) (　　　　) (　　　　) en autobús.　　（あなた方は）バスで行くことができます。

> **Cultura**　スペイン語圏の交通事情
>
> 　日本ではほとんどなくなりましたが、スペイン語圏では、ストライキにより公共交通機関が止まってしまうことがあります。
> 　鉄道やバスだけでなく、空港施設や管制官のストライキなどもあり、飛行機が大幅に遅延することもあります。またタクシー運転手のストもあります。ですから、旅行するときは、事前の情報収集と余裕を持ったスケジュールを立てておくことが重要です。
> 　また、夏休みなど都市の交通利用者が減少する時期に地下鉄の一部区間を運休して集中工事を実施することがあります。運行を継続しながら大規模な工事を深夜などにやってのける日本とは違い、短期集中で一気に工事をしてしまうという考え方は合理的ですが、利用者としては不便です。

Un poco de gramática

- poder「〜できる」: poder を主語に合わせた形にして、別の動詞の原形を付けて使う。
  例）¿Puedo beber agua en la biblioteca?「（私は）図書館で水を飲んでもいいですか。」
  　→Sí, puedes beber.「はい、（あなたは）飲んでもいいですよ。」
  　→No, no puedes beber.「いいえ、（あなたは）飲んではいけません。」
- Lección 8 の querer「〜したい」を使えば：
  ¿Qué queréis beber?「（君たちは）何を飲みたいの。」
  Queremos beber agua.「（私たちは）水を飲みたい。」なども言える。

Lección 12　相手に何かを頼んでみよう

Base 声に出して覚えよう！

 Hola, ¿qué quieres?

¿Me pones una caña, por favor?

 Sí, enseguida. ¿Quieres algo para picar?

Sí, ¿hay calamares fritos?

 Sí, hay. ¿Quieres una ración?

Pues, no. No puedo comer una ración. Media ración, por favor.

 Muy bien.

Una hora después: 1時間後

¿Me cobras, por favor?

 Vale..., 8 euros.

Vocabulario y expresiones

¿Me pones ～?　（バルなどで）私に～をくださいませんか。　　enseguida　すぐに、ただちに
algo　何か　　picar　軽く食べる、つまむ　　calamares fritos　イカのフライ
una ración　料理の一人前の分量（日本人には多すぎる場合がある）　　media ración　一人前の半分の分量
¿Me cobras?　「君は私からお金を取りますか。」→「お勘定をお願いします。」

> **Práctica**

- 先生に続いて、少なくとも 5 回は声に出して、¿Me pones 〜？や ¿Me cobras, por favor? といった表現を覚えてしまいましょう。
- 近くの席の人と一緒に、A: ¿Me pones una caña, por favor? B: Sí, enseguida. ¿Quieres algo para picar? A: Sí, calamares fritos, por favor. B: Muy bien. というやりとりを練習しましょう。一度終わったら、役を交替しましょう。una caña の部分を、un vino tinto、un vino blanco、una clara（ビールをサイダーなどで割った飲み物）、un refresco（炭酸飲料）、un agua（水）、un zumo de naranja（オレンジジュース）、un mosto（ブドウジュース）といった他の飲み物に、calamares fritos の部分を、patatas fritas（フライドポテト）、boquerones en vinagre（カタクチイワシの酢漬け）、una de gambas al ajillo（エビのアヒージョ）、un bocadillo de jamón y queso（ハムとチーズのバゲットパンのサンドイッチ）といったほかの食べ物に入れ替えて練習してみましょう。

¡Ojo!

- me：me「ミー」ではなく「メ」と発音する。
  → 目的語の代名詞。「私に」または「私から」という意味。
  例）¿Me pones una caña? ＝直訳「あなたは私に生ビールを置き（出し）ますか。」
    →「生ビールをください」という意味になる。
    ¿Me pones 〜？と言う代わりに、¿Me das 〜？「あなたは私に〜を与えますか」
    →「私に〜をください」とも言える。
    ¿Me cobras?＝直訳「あなたは私から（お金を）取りますか。」
    →「お勘定をお願いします」という意味になる。

> **Explicación 1**

- ¿Me pones 〜？「私に〜をください」、¿Me cobras?「お勘定をお願いします」など相手（ここでは tú）を主語にした疑問文。→「〜してくれないか」と依頼の意味に。
- 相手が目上の人や年上、あまり親しくない人の場合 usted を使って、¿Me pone...? ¿Me cobra...? などと丁寧に依頼する。
  行きつけの店では、¿Me pones 〜？ ¿Me das 〜？ ¿Me cobras?（相手が tú の形）を、初めての店や、少し高級な店なら、¿Me pone 〜？ ¿Me da 〜？ ¿Me cobra?（相手が usted の形）を使いましょう。
- 命令形：「〜してください／〜してくれ」
  tú に対する命令形：leer → lee、estudiar → estudia、escribir → escribe
  例）Lee este libro.「この本を読んで。」 Estudia español.「スペイン語を勉強しなさい。」
    ¿Me cobras? を命令形を使って言う → Cóbrame.：cobra＋me という語順になる。
    ¿Me pones 〜？→ Ponme 〜（pon＋me）、（poner → pon は命令形の不規則変化）
    ¿Me cobras? も Cóbrame. もほぼ同じ意味です。
    ¿Me pones 〜？も Ponme 〜．ほぼ同じ意味です。

巻末付録 → p.67 **Un poco de gramática** 命令形のまとめ

声に出して練習しよう！

Dueño: Buenas noches, señores. ¿Qué les pongo?
Izumi: Buenas noches. Póngame un vaso de cava.
Dueño: Muy bien, y usted, ¿señor?
Jorge: Yo, una caña, por favor.
　　　　Izumi, pedimos algo para picar, ¿verdad?
Izumi: Sí, quiero "pulpo a la gallega".
Jorge: Ah, yo no puedo comer pulpo...
Dueño: No me diga, señor. Pongo media ración de pulpo para usted, ¿señorita?
Izumi: Sí, póngamela, por favor.

Vocabulario y expresiones

¿Qué les pongo?　何にいたしましょうか（← 私はあなた方に何を置きましょうか？）　　　ponga ← poner（置く：usted ponga：あなたは置いてください）　　póngame ～　私に～をください（← 私に～を置いてください）　　cava　カバ（主にカタルーニャ州で生産されるスパークリングワイン）　　pedimos ← pedir（注文する：nosotros pedimos：私たちは注文する）　　pulpo a la gallega　タコのガリシア風（ゆでたタコにオリーブオイルをかけ、塩とパプリカをまぶしたもの）　　No me diga　まさか、ご冗談を！（← 私に言わないでください）　　póngamela　私にそれ（タコの半人前）をください（← 私にそれを置いてください）

Explicación 2

- ¿Qué les pongo?「何にいたしましょうか。」　店員さんの視点から言う表現。pongo ← poner
- les:「彼らに」「あなたがた（ustedes）に」　me と同様に「～に」を表す語。
  相手が1人なら → le に。親しい相手1人なら te　複数なら os です。
- Póngame ～.「私に～をください。」: Ponme ～. より丁寧な依頼表現。
- No me diga.:　no diga ← decir（言う）の否定の命令。
  →「私に言わないでください。」の意味。相手が親しい相手（tú）なら → No me digas. に。
  話し相手の発言に驚いたり、「ツッコんだり」するときに使う。

Ejercicios

1) 日本語の意味に合うように、(　　) 内にふさわしい語を入れましょう。

1) ¿Me (　　　　) una caña?　　　　　　　　　　　　（少し高級な店で）生ビールをお願いします。
2) ¿Qué (　　　) (　　　　)?
   （bar などカジュアルな店で店員が客一人に）注文は何にする？
3) ¿(　　　　) una pizza?　　　　　　　　　　　　　（私たちは）ピザを注文しましょうか。
4) (　　　　) un vaso de cava.　　　　　　　　　　　（行きつけの店で）カバを一杯ください。
5) No (　　　　) patatas fritas.　　　　　　　　　　僕はフライドポテトは欲しくない。
6) (　　　　) media ración de calamares fritos.　　イカのフライのハーフサイズをください。（丁寧に）
7) ¿Me (　　　　), por favor?　　　　　　　　　　　お勘定していただけますか。（丁寧に）

Cultura　ジブラルタルとは

　スペインは大航海時代から数世紀にわたって世界の広大な領域を支配していましたが、逆にスペインには今でも他の国によって領有されている地域があります。それがアンダルシア州の南端にある Gibraltar です。1713 年のスペイン王位継承戦争の講和条約であるユトレヒト条約でイギリスの領土と認められ、以降、領有が続いています。

　通常はスペイン側の国境の町 La Línea de la Concepción から車両や徒歩でアクセスし、国境検問所を通ってイギリスに入国することになります。入国すると道路と直交する形で飛行機の滑走路があり、離着陸が行なわれる場合には道路が閉鎖されます。

　入国した先はイギリスですので、通貨はイギリスのポンドで、多くの人がスペイン語を解するとはいえ、基本的には英語によるコミュニケーションが必要になります。また、ジブラルタルの面積のほとんどを占める巨大な岩（英：*The Rock*、ス：*El Peñón de Gibraltar*）は観光地になっており、野生の猿が住み着いているほか、バスなどで岩に上り、中にある鍾乳洞を見学することもできます。

Lección 13　バスは何時に出発しますか？

声に出して覚えよう！

En la estación de autobuses: バスターミナルにて

 ¿A qué hora sale el autobús a Granada?

Sale a las ocho y media. Dentro de cinco minutos.

 ¿Verdad? ¿Dónde puedo subir al autobús?

Primero tienes que comprar el billete.

 ¿Dónde lo compro?

Te lo enseño.
Mira. La taquilla está en aquel edificio.

 Ay, tengo que correr.

Vocabulario y expresiones

¿A qué hora …?　何時に〜するのですか？　　　sale　← salir（出る、出発する：el autobús sale：バスが出発する）（参考：yo salgo, tú sales）　　el autobús　バス　　a las ocho y media　8時半に
dentro de cinco minutos　5分後に　　　verdad　本当、真実　　　subir a　〜に登る、（乗り物に）乗る
primero　まず、最初に　　　tienes que comprar　「（君は）買わなければいけない」← tener que 〜（〜しなければいけない）　　　tienes　← tener（持つ：tú tienes：君は持つ）　　lo　それを　（← el billete）
compro　← comprar（買う：yo compro：私は買う）　　te　君に（→ **Lección 12**）
enseño　← enseñar（教える、見せる：yo enseño：私は教える）　　edificio　建物、ビル
tengo que correr　「（私は）走らなければいけない」← tener que 〜（〜しなければいけない）
tengo　← tener（持つ：yo tengo：私は持つ）

Práctica

・ペアになり、例文を参考にしながら表現集の表現を使って、あることを達成するためにしなければいけないことについて話しましょう。

例）A: Para adelgazar, ¿qué tengo que hacer?
　　B: Tienes que comer menos.
　　A:（私は）痩せるためには何をしなければいけないですか。
　　B:（君は）食べる量を減らさなければいけません。（より少なく食べなければいけない）

表現集

sacar buena nota　いい成績をとる　　　ganar dinero　お金を稼ぐ　　　estar sano　健康でいる
estudiar en España　スペインに留学する　　　encontrar un buen trabajo　いい仕事を見つける
ir a Okinawa　沖縄に行く　　　comer más　もっと食べる　　　hacer ejercicios　運動をする
ahorrar　貯金する、節約する　　　estudiar más　もっと勉強する
buscar información en internet　ネットで情報を探す　　　trabajar mucho　いっぱい働く

¡Ojo!

・lo compro「私はそれを買う」、te lo enseño「私は君にそれを教える」
　te（君に）、lo（それを）→ compro「私は買う」、enseño「私は教える」の前に置く。
・「それを」に当たる語：「それ」が指すものに合わせて形が変わる。
　el billete, el libro, el pasaporte など男性名詞を指す場合 → lo　複数なら → los。
　la llave, la mesa, la casa, la tarjeta など女性名詞を指す場合 → la　複数なら → las。
　例）— ¿Quieres unos caramelos? — Sí, los quiero.
　　　— Quiero estos libros. — Te los doy.（te：君に）
・「彼を」（lo）、「彼女を」（la）など「人」を指す場合にも使える。
巻末付録 → p.68　Un poco de gramática　〜に、〜から（間接目的語の代名詞）、〜を（直接目的語の代名詞）
・否定文を作る場合、lo compro や te lo enseño の前に no を置く。
　例）No lo compro.「私はそれを買わない」、No te lo enseño「私は君にそれを教えない」。

声に出して練習しよう！

Camarero: ¿Qué quieren ustedes?
Izumi: Bueno. Tenemos mucha hambre. ¿Qué nos recomienda?
Camarero: Hoy tenemos calamares fritos, filete de ternera, merluza a la gallega y lomo asado. Todos son muy buenos y yo les recomiendo merluza.
Jorge: De primero, ¿qué tienen?
Camarero: De primero, tenemos ensalada mixta, gazpacho andaluz, espagueti y paella.
Izumi: Yo, de primero, ensalada mixta, y de segundo, filete de ternera, por favor.
Jorge: Para mí, paella y merluza, por favor.
Camarero: De acuerdo. Una ensalada mixta y un filete de ternera para la señorita y una paella y una merluza para el caballero. Se los traigo ahora mismo.

Vocabulario y expresiones

¿Qué quieren ustedes? 「あなた方 (ustedes) は何を欲しいのですか。」→「ご注文は何になさいますか。」
quieren ← querer (欲しい、〜したい: ustedes quieren: あなた方は〜が欲しい、〜したい)
nos 私たちに   recomienda ← recomendar (勧める: usted recomienda: あなたは勧める)
calamares fritos イカのフライ   filete de ternera 牛フィレステーキ
merluza a la gallega ガリシア風メルルーサ（魚の名前）   lomo asado 豚ロースのロースト
de primero 1つ目の料理: 前菜として   de segundo 2つ目の料理: メインディッシュとして
ensalada mixta ミックスサラダ   gazpacho ガスパッチョ（野菜の冷製スープ）
andaluz アンダルシア地方の   espagueti スパゲッティー   paella パエリア
para mí 私には   de acuerdo 了解しました。   Se los traigo: traigo ← traer (持って来る:
yo traigo: 私は持って来る)   se=les (あなた方に) の変化した形。le や les の後に、lo(s) や la(s) が続くと、le、
les は se に変わる。los はここでは注文した料理全部のことを指す。

Ejercicios

1 日本語の意味に合うように、（　　）内に適切な語を入れましょう。

Base レベルの問題

1) ¿(　　　　)(　　　　)(　　　　) sales de casa?　　君は何時に家を出るの。
2) Salgo de casa (　　)(　　　　)(　　　　).　　私は7時に家を出ます。
3) ¿(　　　　)(　　　　)(　　　　) al tren?　　（私は）どこで列車に乗れますか。
4) — Me gusta este bocadillo.　　—私、このサンドイッチ好きなんだ。
   — ¿Dónde (　　) compras?　　—どこで（それを）買うの。
5) Quiero invitar a María.　　—マリアを誘いたいな。
   — ¿Por qué no (　　) llamas?　　—彼女に電話すれば。
   ¿Por qué no 〜 ?　　「〜したらどう？」
   ヒント：llamar　　（電話で）○○さんを呼ぶ＝○○さんに電話する

Un poquito más レベルの問題

6) — Te recomiendo esta película.　　—この映画、君にお勧めするよ。
   — ¿Por qué me (　　　) recomiendas?　　—どうして（それを）勧めてくれるの。
7) — ¿Quién te enseña español?　　—誰があなたにスペイン語を教えるのですか。
   — (　　)(　　) enseña la profesora Fernández.　　—フェルナンデス先生です。
   　　　　　　　　　　　　　　　　　　　　　　← フェルナンデス先生が私にそれを教える。

Práctica

巻末付録（76ページ）のメニューを見ながら Un poquito más のダイアローグを参考にロールプレイをしてみましょう。

Cultura　スペインのレストラン

　スペインのレストランでは、主にお昼のランチメニューとして、お得なコース料理が提供されます。前菜（primero = primer plato）とメイン（segundo = segundo plato）をそれぞれチョイスして注文します。水（agua）や炭酸などの清涼飲料水（refrescos）またはワイン（vino）が飲み物として（para beber）セットになっています。デザート（postre）かコーヒー（café）が食後に選べる場合が多いです。

Lección 14　いま何をしているの？

声に出して覚えよう！

- Izumi, ¿estás libre hoy? ¿Me puedes acompañar a una librería?
- Sí, estoy libre hoy, y te puedo acompañar a cualquier lugar.
- ¡Genial! Vamos en metro.

En la librería:

- Hola, señores, ¿qué desean?
- Hola, buenas tardes, pues, estoy buscando un libro antiguo. La Gramática castellana de Nebrija. ¿La tienen?
- Bueno... la busco. Espere un momento.
- Jorge, ¿por qué la necesitas?
- Es que estoy escribiendo un artículo sobre la historia de la lingüística española.
- Aquí la tiene. ¿Algo más?
- Nada más, gracias. ¿Cuánto cuesta?
- 30 euros.

Vocabulario y expresiones

¿Estás libre hoy?「（君は）今日空いている？ 今日ひま？」　¿Me puedes acompañar...?「（君は）私に付き添えますか？ 付き添ってくれないかい？」　antiguo 古い　a cualquier lugar どんな場所にでも・どこへでも　¡Genial! すばらしい！　estoy buscando ← buscar（探す：yo estoy buscando［現在進行形］：私は今〜を探しているところです）　Gramática castellana カスティーリャ語（スペイン語）文法［書］　Espere un momento. 少々お待ちください。　Es que〜 というのも〜なんだ（軽い理由・事情説明）

> estoy escribiendo　← escribir（書く：yo estoy escribiendo ［現在進行形］：私はいま～を書いているところです）
> un artículo sobre la historia de la lingüística española　スペイン語学の歴史についてのレポート、報告書、記事
> Aquí la tiene.　［物を手渡しながら］「はい、どうぞ。」（← ここにあなたはそれを持っています）
> algo　何か　　¿Algo más?　さらに何か（→ 他に何かいりますか。）

Práctica

- 先生に続いて、少なくとも 5 回は声に出して、Estoy buscando ～や Estoy escribiendo ～といった表現を覚えてしまいましょう。
- 近くの席の人と一緒に、A: ¿Qué estás buscando? B: Estoy buscando la llave de mi moto. A: Aquí la tienes. B: Gracias. というやりとりを練習しましょう。一度終わったら、役を交替しましょう。B の人の la llave de mi moto の部分を、la revista や la foto de mi hermana に入れ替えてみましょう。また、mi diccionario や el libro de texto に入れ替えると、A の人の Aquí la tienes. という文はどう変化するでしょうか。考えましょう。

¡Ojo!

- un libro antiguo の antiguo：「古い本」の「古い」→ 名詞を説明する形容詞。
- Base で出てきた形容詞：estás libre の libre（自由な・暇な）、Gramática castellana の castellana（カスティーリャ語の）、lingüística española の española（スペイン［語］の）、genial（素晴らしい）、mi moto や mi diccionario の mi（私の）です。
- estás libre：形容詞 libre → 名詞を直接修飾していない。
　　　　　　　　→ ser や estar といった動詞の後ろで用いられ、主語の特徴や状態を説明。
- mi（私の）：後ろに来る名詞を（いろいろとある）「本」のなかの「私の本」というふうに「本」の意味を限定している。

Explicación 1

- estoy buscando ～：「今（まさに）～を探しています」という意味。現在進行形。
　現在進行形：estar の主語に合わせた活用形＋動詞の現在分詞（英語の～ ing 形に相当）。
- 現在分詞：buscar のように原形が -ar で終わる動詞 → 語尾を -ando に。
　　　　　　 escribir や comer のように原形が -ir または -er で終わる動詞 → 語尾を -iendo に。

¿Qué estás haciendo (tú)?
¿Qué está haciendo (usted)?　　「今、何をしているのですか。」

En los grandes almacenes: 百貨店にて

Guillermo: ¡Hola! Izumi, ¿por qué estás aquí? ¿Qué estás haciendo?

Izumi: Hola, pero, ¡cuánto tiempo! Pues, estoy aquí de compras con una amiga. Y ahora la estoy esperando porque está en el servicio.

Guillermo: Ah, vale. ¿Vosotras estáis buscando algo? ¿Una camisa? ¿Un vestido? ¿Unos zapatos?

Izumi: Yo no. Pero ella quiere comprar unos zapatos elegantes para la boda de María, su mejor amiga. Y tú, ¿qué estás haciendo aquí?

Guillermo: Yo también estoy esperando a un amigo casi media hora, pero todavía no viene. Creo que está perdido.

Izumi: Vaya. ¡Llámalo primero!

Vocabulario y expresiones

los grandes almacenes　百貨店　　　¡Cuánto tiempo!　久しぶり！（← なんという（多くの）時間）
de compras　買い物に、買い物で　　La estoy esperando.　私は彼女を待っています。
porque　なぜなら、というのも　　elegantes　エレガントな、気品のある　　para la boda　結婚式のために
su mejor amiga　彼女の親友（もっとも良い友だち）、mejor は形容詞「もっとも良い」
casi media hora　ほとんど30分（半分の時間）、media は形容詞「半分の」
Creo que está perdido.　彼は迷子になっていると思う。　　¡Llámalo primero!　まず彼に電話しなよ！

Explicación 2

・¡Llámalo! ← 動詞 llamar の tú に対する命令形：llama＋lo からなる。
・現在進行形の動詞（例：Estoy esperando.）＋目的語の代名詞
　→ 1) La estoy esperando. のように、活用している estar の前に置く。2) よりやや口語的な語順。
　→ 2) 現在分詞（esperando）に付けて Estoy esperándola.

Ejercicios

1) 日本語の意味に合うように、(　　) 内にふさわしい語を入れましょう。

1) (　　　　　　) esperando dos cañas.　　私たちは生ビール 2 杯を待っています。
2) ¿Qué (　　　　) (　　　　　)?　　君はここで何をしているの。
3) (　　　　　　) a María.　　マリアに電話しなよ。
4) (　　　　　　) el libro.　　その本を読んでよ。
5) Juan (　　　　) (　　　　　) inglés en la biblioteca ahora.
　　　　　　　　　　　　　　　　　　フアンは今図書館で英語を勉強しています。

Cultura　スペインにおける公用語はいくつ

　いま私たちが学んでいるのはスペイン語ですが、スペイン語はスペインだけで話されているのではありませんし、スペインではスペイン語だけが話されているわけでもありません。
　皆さんが勉強しているスペイン語にはカスティーリャ語という別名があります。スペインではカスティーリャ語以外にも 5 つの言語が地方自治州の公用語となっています。ガリシア自治州はガリシア語、カタルーニャ自治州とバレアレス諸島はカタルーニャ語、バレンシア自治州はバレンシア語、バスク自治州とナバラ自治州はバスク語を自治州の公用語としています。また、カタルーニャ自治州はアラン谷という小さな町で話されているアラン語も自治州の公用語にしています。
　ガリシア語とカタルーニャ語（バレンシア語はカタルーニャ語の方言と考えられます）とアラン語は、スペイン語（カスティーリャ語）と同じようにラテン語が変化して今に至っている「ロマンス諸語」の仲間ですが、バスク語は近隣で話される言語とは全く異なる言語です。また、スペイン語（カスティーリャ語）は、もともとはカスティーリャ地方（王国）で話されていた言語だったのです。スペインは歴史的な経緯から、これらの地域の言語を公的に認めているのです。

Un poco de gramática

・形容詞：名詞を説明し、意味を補足したり、限定したりする（＝修飾する）ためのもの。
・スペイン語：男性名詞と女性名詞、単数形と複数形がある。
　→ 形容詞が名詞を修飾する時 → その名詞の性と数に合わせて形を変える。
・形容詞の位置：普通は名詞の後ろに。
　「良い」、「悪い」や数量を表す語（例：media hora の media）など → 名詞の前に。

Lección 15　最終バスに乗れたんだね。

声に出して覚えよう！

Sonó el teléfono.　電話が鳴った。

 ¿Sí?, dime.

¿Ya llegaste?

 Sí, llegué hace una hora.

Entonces conseguiste el último autobús, ¿verdad?

 Sí, llegué a la estación de autobuses justo a la hora de salida y subí al autobús de las ocho y media.

Por eso llegaste a las doce y media, ¿verdad? Ahora te voy a buscar.

Vocabulario y expresiones

Dime. はい。（電話で応対する表現。←→ Oye. もしもし。）　llegaste ← llegar（到着する：tú llegaste：君は着いた）　llegué ← llegar（到着する：yo llegué：私は着いた）　hace ～　～前に（時間の経過）　entonces じゃあ　conseguiste ← conseguir（獲得する）の点過去形：tú conseguiste：君は獲得した）　último 最後の　justo ちょうど、ぎりぎりのところで　hora 時間、時刻　salida 出発　subí ← subir 登る、((乗り物に乗る))の点過去形：yo subí：私は乗った）　por eso だから　～.¿verdad? でしょ。～なのね。　te 君を（→ **Lección 13**）　voy a（ir a ～ → **Lección 9**）　buscar 探す、迎えに行く

Práctica

・ペアになって、例文をまねて、表現集の表現やこれまでに学んだ表現を使って、過去にしたことについて話しましょう。

例）A: ¿A qué hora saliste de casa?　　何時に家を出たの？
　　B: Salí de casa a las siete y media de la mañana.　朝の7時半に出たよ。

表現集

dónde　どこで　　a dónde　どこへ　　cuándo　いつ　　cómo　どのように　　quién　誰が
qué　何　　cuántas horas　何時間　　en qué　何（の乗り物）で
comiste (tú)、comí (yo)：食べた　　fuiste (tú)、fui (yo)：行った（a ～「（～目的地）へ」や en ～「（～乗り物）で」を伴う）　　compraste (tú)、compré (yo)：買った　　trabajaste (tú)、trabajé (yo)：働いた
hiciste (tú)、hice (yo)：した、作った　　estudiaste (tú)、estudié (yo)：勉強した
leíste (tú)、leí (yo)：読んだ
cinco horas　5時間　　libros　本　　en el restaurante　レストランで　　en tren　列車で
ropa　服　　un pastel　ケーキ

¡Ojo!

過去に完了した行為や状態を表す
　→ llegué (yo)／llegaste (tú)　conseguí (yo)／conseguiste (tú)　subí (yo)／subiste (tú)
　comí (yo)／comiste (tú) のように現在形とは異なる形が用いられる。
・現在形と同じく、主語によって形が変わる。
　まずは、ここで出てきた yo と tú に対応する形を覚えよう。
・主語に合わせた形の変わり方の大まかなルール
　-ar で終わる動詞（llegar）→ yo：最後が -é に（llegué）。tú：最後が -aste に（llegaste）。
　（llegué：gué の u は発音上「ゲ」と読ませるために入ります）
　-ir で終わる動詞（conseguir）、-er で終わる動詞（comer）→ yo：最後が -í に（conseguí, comí）、tú：最後が -iste に（conseguiste, comiste）。
・他の主語に対する形や、不規則な変化をする動詞は出てきたときに覚えよう。

巻末付録 → p. 72、73 活用表 8

声に出して練習しよう！

Camarero: ¿Qué tal la comida? ¿Les gustó?
Quique: Sí, nos gustó todo. Comimos mucho.
Izumi: Sí, la comida estaba muy buena.
Camarero: ¿Quieren ustedes algo de postre?
Izumi: Ya no puedo comer más. Gracias.
Quique: Yo quiero un café, por favor.
Camarero: De acuerdo. Se lo traigo en seguida.

Vocabulario y expresiones

¿Qué tal ~ ? ～はどうでしたか。　¿Les gustó? あなた方は気に入りましたか。（les＝a ustedes、gustarの使い方→ **Un poco de gramática**）　Nos gustó todo. 私たちは、全部気に入りました。（nos＝a nosotros）　comimos ← comer （「食べる」の点過去形: nosotros comimos：私たちは食べた）　estaba ← estar （(状態を表す動詞)の線過去形: la comida estaba ～: 食事は～だった）（→ **Lección 16**: 食べていた時に、「美味しかった」という時制）　La comida estaba muy buena. 料理はとても美味しかったです。　quieren ustedes あなた方は欲しい（→ **Lección 8**）　algo 何か　algo de postre （色々とある）postre（デザート）のうちの何か　Ya no puedo comer más. 私はもう食べられません。（→ **Lección 11**）　Se lo traigo. （あなたにそれを）お持ちします。（→ **Lección 13**）　en seguida すぐに

Ejercicios

🎧 **1** 日本語の意味に合うように（　　）内に適切な語を入れましょう。
48
Base レベルの問題

1) ¿Cuándo (　　　　　)? （君は）いつ食べたの？
2) (　　　　　) hace una (　　　　　). 1時間前に食べたよ。
3) ¿A qué hora (　　　　　) a la universidad? （君は）何時に大学に着いたの？
4) (　　　　　) a las (　　　　　). 10時に着いたよ。
5) ¿(　　　　　) mucho ayer? （君は）昨日いっぱい勉強した？
6) Sí, (　　　　　) (　　　　　) (　　　　　). うん、3時間勉強したよ。

Un poquito más レベルの問題

7) ¿A qué hora (　　　　　) el tren? 列車は何時に出発したのですか。
8) El tren (　　　　　) a las ocho pero lo (　　　　　).
列車は8時に出発したのですが、私たちは乗り遅れました。（列車に乗り遅れる：perder el tren）
9) Elena (　　　　　) dos horas en la estación. エレナは駅で2時間待ってました。

> **Cultura** スペインの列車事情
>
> 　日本の鉄道は時間に正確だと言われます。では、スペインの列車はどうでしょう。以前はよく遅れたのですが、今は時間に正確なこと（puntualidad）が売りになっています。高速鉄道（Alta Velocidad Española）が発達し、とても便利になりました。
> 　ただし、日本の新幹線とは利用方法が違っていますので、注意が必要です。駅で手荷物検査があったり、出発時刻の15分前までに駅に行かなければいけなかったりと、どちらかというと飛行機の利用方法と似ています。
> 　日本では列車を乗り継いで目的地へ行くことが多いですが、スペインでは目的地までの直行便を利用するのが一般的です。列車本数が少ない路線も多いので、時刻表片手に列車を乗り継いで旅をするというスタイルの旅行は難しいです。
> 　長距離列車にはカフェ車両（cafetería）が連結されていますので、bocadillo などを食べながら車窓からの風景を楽しんだり、おしゃべりをしたりして過ごせます。

Un poco de gramática

— ¿Te gusta la naranja?　　— Sí, me gusta mucho la naranja.
　「（君は）オレンジ好き？」　「うん、（私）オレンジ大好き。」

— ¿Les gusta la paella?　　　— Sí, nos gusta la paella.
　「あなた方はパエージャがお好きですか。」　「ええ、私たちはパエージャが好きです。」

・「〜が好き」＝me, te, le...（→ **Lección 12**）と gustar という動詞を用いて表現する。

— ¿Te gustan las fresas?
　「イチゴは好きですか。」好きなものが複数 → gustan になる。

Lección 16 週末は何をしたの？

声に出して覚えよう！

 Hola, Izumi, ¿qué tal? ¿Qué hiciste el pasado fin de semana?

Pues, me encontré con Guillermo por casualidad en los grandes almacenes. Hablé con él, le presenté a una amiga mía, él me presentó a uno suyo, y luego tomamos juntos un café en un bar del centro.

 En fin, lo pasasteis bien, ¿verdad?

Sí, lo pasamos muy bien.

 ¿Erais cuatro en total? ¿No estaba Quique con vosotros?

No estaba. Vamos a salir juntos otra vez el próximo domingo. ¿Y tú, Jorge, qué hiciste?

 Pues, nada especial. Estudié la historia de la lingüística el sábado, y compré un libro de texto de japonés el domingo.

¿Un libro de texto de japonés? ¿Vas a estudiar japonés?

 Sí, porque quiero hablar más contigo en japonés, tu lengua materna.

Vocabulario y expresiones

hiciste ← hacer（「する」の点過去形: tú hiciste: 君はした）　　el pasado fin de semana　先週末（過ぎ去った pasado 週末）　　me encontré con ～　（私は）～と出会った　　por casualidad　偶然
Le presenté a una amiga mía.　（私は）彼に私の女友だちの一人を紹介した。　　en fin　結局、つまり
Me presentó uno suyo.　（彼は）私に彼の（男友だち）を一人紹介した。
Lo pasasteis bien, ¿verdad?　（君たちは）楽しく過ごしたんだね。
¿No estaba Quique con vosotros?　「キケは君たちと一緒ではなかったの？」
¿Vas a estudiar japonés?　「（君は）日本語を勉強するの？」　　tu lengua materna　君の母語

> **Práctica**

- 先生に続いて、少なくとも 5 回は声に出して、me encontré con 〜や lo pasasteis bien といった表現をそのまま覚えてしまいましょう。
- 近くの席の人と一緒に、A: ¿Qué hiciste el pasado fin de semana? B: Hablé con María. A: ¿Lo pasaste bien? B: Sí (No). というやりとりを練習してみよう。
- 一度終わったら、役を交替しましょう。B の人の Hablé con María. を他の表現に入れ替えてみましょう。

> **¡Ojo!**

una amiga mía と uno suyo

mía や suyo：所有形容詞の後置形

「所有形容詞」→「〜の」という所有の意味を表す。

「後置形」→ 名詞の後ろに置いて、名詞を修飾。→ 名詞と性数一致して形が変化する。

- 既に学んだ mi（私の）や tu lengua materna の tu（君の）など：「前置形」。
- 後置形：前置形とは異なり、「複数あるもののうちの一つ（いくつか）」を表す時に使用。
  例）「私の彼女」：通常 1 人だけ → × una novia mía ではなく、○ mi novia。
  　　　　una novia mía →「彼女」が複数いて、そのうちの 1 人ということに！！

> **Explicación 1**

¿Erais cuatro en total? の erais 　　　　→ 線過去　　← ser
¿No estaba Quique con vosotros? の estaba 　　　　　　　← estar

- この時制…過去のある時点における状態や状況を描写。
  「過去のある時点に〜だった」という意味。
- 原形が -ar で終わる動詞の線過去＝-aba　-abas　-aba… 例）estaba, estudiaba
  -er と -ir で終わる動詞の線過去＝-ía　-ías　-ía… 例）querías, podía
- ser は不規則

巻 末 付 録 → p. 73 活用表 [9]

声に出して練習しよう！

Izumi: Hola, Jorge, ¿Ya empezaste a estudiar japonés?

Jorge: Sí. *Watashi wa Horuhe desu. Supein jin desu. Mainichi nihongo wo benkyo shite imasu.*

Izumi: ¡Muy bien! Dijiste el otro día que querías hablar conmigo en japonés, ¿no?

Jorge: Sí, lo dije.

Izumi: Pero, ¿por qué?

Jorge: De niño, no podía tener interés en nada ni estudiaba nada. Pero ahora tengo mucho interés en tu país, tu lengua, cultura... porque estás aquí y eres una amiga mía.

Izumi: Gracias por tener interés en cosas de Japón. Te enseño japonés si quieres.

Vocabulario y expresiones

¿Ya empezaste a estudiar japonés?　「もう日本語を勉強し始めたの？」
Dijiste el otro día que ...　（君は）先日…と言った（私は言った → dije）　　de niño　子どもの頃
No podía tener interés en nada.　何にも興味が持てなかった。
Ni estudiaba nada.　何も勉強もしていなかった。　　gracias por ～　～のことでありがとう

Explicación 2

「時制の一致」と「過去の状況の描写」

- Dijiste el otro día que querías hablar conmigo.「私と話したいと君は先日言った。」
  →「私と話したかったと君は先日言った」ではない。
  querías（← querer）が線過去になっている理由 ← dijiste が点過去だから。
  =「時制の一致」

- De niño, no podía tener interés en nada ni estudiaba nada.
  「子どもの時、何にも興味が持てなかったし、何も勉強もしてなかった。」
  これらの podía（← poder）と estudiaba（← estudiar）の線過去
  ←「興味が持てなかった」「勉強していなかった」
  ＝過去のある時点（子どもの頃）における状況の描写。

Ejercicios

1 日本語の意味に合うように、（　　）内に適切な語を入れてみましょう。

1) Yo (　　　　　) estar contigo.　　　　　僕は君と一緒にいたかった。
2) (　　　　　　) a leer el libro.　　　　　彼はその本を読み始めた。
3) Le (　　　　　) una mentira.　　　　　　私は彼女に嘘をついた。
4) ¿Qué (　　　　　) ser de niño?　　　　　子供の頃、君は何になりたかったの。
5) Ayer (　　　　　) el despacho del profesor.　昨日私は先生の部屋を訪ねた。

Cultura　スペインの百貨店

　Lección 14 で百貨店（デパート）を舞台にしました。スペインで百貨店というと、圧倒的に El Corte Inglés（「イギリス風の仕立て」の意味。元が洋服の仕立業のため）という企業が業界を占めていて、独占まではいかないのかもしれませんが寡占であることは間違いありません。
　しかも、異なる業態にまで展開しています。El Corte Inglés のスーパーマーケットは Supercor (super + cor[corte])、広大な敷地を備えるハイパーマーケットは Hipercor (Hiper + cor)、コンビニ風のミニスーパーは Opencor (open [英語の *open*] + cor) と言う名前で展開しています。スペインに行ったら必ず目にすることでしょう。
　一方で、日本の百貨店は大丸や伊勢丹、三越といった老舗を除けば、鉄道系の企業が多いでしょうか。西武、東武、東急、阪急、阪神、近鉄、名鉄などがありますね。百貨店の中でも、全国展開していない地元密着の単独店舗は苦戦しているようです。
　スペインでも郊外型のショッピングセンターやアウトレットモールが人気のようです。

Un poco de gramática

今回新しく登場した線過去形の変化形を整理しましょう。
線過去形はスペイン語の時制の中で最も不規則な変化の少ない時制です。
不規則変化は Base に登場した ser と、他に ir、ver の3つしかありません。

巻末付録 → p.73、74 活用表 9 10

巻末付録

Un poco de gramática	呼びかけの表現:「○○さん」	66
Un poco de gramática	Aquí lo tiene.／男性名詞と女性名詞	66
Un poco de gramática	「これ」／「それ」／「あれ」	67
Un poco de gramática	命令形のまとめ	67
Un poco de gramática	〜に、〜から（間接目的語の代名詞）	68
Un poco de gramática	〜を（直接目的語の代名詞）	68

活用表　1　動詞 ser の変化形（現在形）　　　　　　　　　　　　　69
活用表　2　動詞 estar の変化形（現在形）　　　　　　　　　　　　69
活用表　3　動詞 estudiar（語尾が -ar で終わる動詞）の変化形（現在形）　69
活用表　4　語尾が -er, -ir で終わる動詞の変化形（現在形）　　　　　70
活用表　5　動詞 tener の変化形（現在形）　　　　　　　　　　　　71
活用表　6　動詞 poder・動詞 querer の変化形（現在形）　　　　　　71
活用表　7　動詞 ir の変化形（現在形）　　　　　　　　　　　　　　71
　　　　　　形容詞の位置と形の変化のまとめ　　　　　　　　　　　72
活用表　8　点過去の変化形　　　　　　　　　　　　　　　　　　72
活用表　9　線過去の変化形①　　　　　　　　　　　　　　　　　73
活用表 10　線過去の変化形②　　　　　　　　　　　　　　　　　74

数詞（基数詞）　　　　　　　　　　　　　　　　　　　　　　　　75

Menú del día　　　　　　　　　　　　　　　　　　　　　　　　76

Un poco de gramática

- 呼びかけの表現：「○○さん」
  - 「ロドリゲスさん」、「マルティネスさん」と呼びかける場合
    → señor Rodríguez や señora Martínez。
  - 「ロドリゲスさんはメキシコ人です。」のように文中で用いる場合
    → <u>El</u> señor Rodríguez es mexicano. と el（英語の *the* に相当）を付ける。
    女性のマルティネスさんの場合
    → <u>La</u> señora Martínez es mexicana. と la（英語の *the* に相当）を付ける。

Un poco de gramática

- Aquí lo tiene.「はい、どうぞ。」の lo
  lo：「前に出てきた物や人」を指して「それ」という意味。
  Aquí la tiene. という形もある。
  lo：「男性名詞・単数」のものを指す。la：「女性名詞・単数」のものを指す。
  los：「男性名詞・複数」のものを指す。las：「女性名詞・複数」のものを指す。
  例）Su tarjeta, por favor.「あなたのカードをお願いします。」と言われたら
    → Aquí la tiene.「はい、どうぞ。」と言ってカードを差し出す。

- 男性名詞と女性名詞
  男性名詞と女性名詞の区別：語の最後が -o か -a かで区別できることが多い。
  しかし、-o や -a 以外で終わる語もある。
  例）男性名詞：un español：スペイン人（男性）　un japonés：日本人（男性）　un hotel：ホテル
    女性名詞：una estación：駅　una universidad：大学　una clase：授業
  -o で終わるのに女性名詞、-a で終わるのに男性名詞もあります。
  例）una foto：写真　una moto：バイク　un sofá：ソファー
    その都度、辞書で調べ、ある程度は例外として覚えておきましょう。

Un poco de gramática

・「これ」／「それ」／「あれ」

下の表を見ながら、「この広場には噴水があります。」「それらの子供たちは英語を勉強する。」「あの大学は大きい。」「私はあの駅に行きます。」「あの時計はいくらですか。」と言ってみましょう。（女性名詞：fuente, estación, universidad　男性名詞：inglés, reloj）

		単　数	複　数
「これ」「この」「これら」「これらの」（話し手から近い）	男性	este (libro)	estos (libros)
	女性	esta (casa)	estas (casas)
	中性（正体不明。「これ」）	esto（単数のみ）	
「それ」「その」「それら」「それらの」（話し手からやや遠い／聞き手に近い）	男性	ese (libro)	esos (libros)
	女性	esa (casa)	esas (casas)
	中性（正体不明。「それ」）	eso（単数のみ）	
「あれ」「あの」「あれら」「あれらの」（話し手から遠い）	男性	aquel (libro)	aquellos (libros)
	女性	aquella (casa)	aquellas (casas)
	中性（正体不明。「あれ」）	aquello（単数のみ）	

Un poco de gramática

・命令形のまとめ

Lección 12 では、相手に行動を促す表現のひとつとして、話し相手を主語にした疑問文と、命令形の表現を学びました。それをここで整理しておきたいと思います。まずは今回登場した表現を確認し、余力があれば今回は登場していない表現もおさえてください。

行動を促す相手	poner	decir	poner	decir
	肯定命令（〜してください）目的語の代名詞（me など）は動詞の後ろ		否定命令（〜しないでください）目的語の代名詞（me など）は動詞の前	
tú	pon／ponme	di／dime	No pongas／No me pongas	No digas／No me digas
usted	ponga／póngame	diga／dígame	No ponga／No me ponga	No diga／No me diga

Un poco de gramática

- 〜に、〜から（間接目的語の代名詞）
    - — ¿Qué te pongo?　　　　　　　　　　何にしましょうか。
    - — ¿Me pones una gaseosa?　　　　　　ガセオサ（甘い炭酸飲料）をお願いします。
    - — Te la pongo enseguida.　　　　　　　すぐにお持ちします。
    - ここでは te =「君に、あなたに」、me =「私に」を意味する。（→ **Lección 12**）
        - → ¿Qué te pongo?「（私は）あなたに何を出しましょうか？」

- 〜を（直接目的語の代名詞）
    - — ¿Me pones una gaseosa?「私に（あなたは）ガセオサを出してください。」
    - — Te la pongo. の la = una gaseosa を受けて、「それを」という意味で使われている。
    - Te invito a la fiesta.「（私は）君をパーティーに招待する」
    - — ¿Dónde nos esperáis?「（君たちは）私たちをどこで待っていてくれるの？」
    - — Os esperamos en la estación.「（私たちは）君たちを駅で待っているよ。」
    - 否定文では、no はこれらの目的語の代名詞の前に置きます。
        - No te lo compro.「（私は）君にそれを買いません。」

まとめると…

me	（私を）	nos	（私たちを）
te	（君を）	os	（君たちを）
lo la	（彼を、それを） （彼女を、それを）	los las	（彼らを、それらを） （彼女らを、それらを）

活用表 ① ser は主語に合わせて形が以下のように変化します（現在形）

	単 数		複 数	
1人称（話し手）	yo	soy	nosotros / nosotras	somos
2人称（聞き手）	tú	eres	vosotros / vosotras	sois
3人称（原則として話し手と聞き手以外）	él / ella	es	ellos / ellas	son

Aquel es japonés.
あの人（男）は日本人です。
Aquella es japonesa.
あの人（女）は日本人です。
Ella es española.
彼女はスペイン人です。

話し手以外の「人」や「物」を指して「あの人は日本人です。」や「彼女はスペイン人です。」などと言う場合は、3人称の形を用います。

活用表 ② estar は主語に合わせて形が以下のように変化します（現在形）

yo	estoy	nosotros／nosotras	estamos
tú	estás	vosotros／vosotras	estáis
él, ella, usted	está	ellos, ellas, ustedes	están

活用表 ③ estudiar（語尾が -ar で終わる動詞）は主語に合わせて形が以下のように変化します（現在形）

yo	estudi**o**	nosotros／nosotras	estudi**amos**
tú	estudi**as**	vosotros／vosotras	estudi**áis**
él, ella, usted	estudi**a**	ellos, ellas, ustedes	estudi**an**

- 下線部を覚えれば、-ar で終わる他の動詞（規則活用）についても、全ての主語に合わせた形が作れます。
- hablar, trabajar, comprar ではどのようになるか、ノートに書きだしてみましょう。
- 動詞の元の形（原形・不定詞・辞書に載っている形）から、この表のように、文中の主語に合わせた形に変化させることを「活用」と呼びます。
- usted と ustedes は「聞き手」ですが、文法上 3 人称に分類され、動詞は 3 人称の活用形を用います。

活用表 ④ 原形（辞書に掲載されている形）の語尾が -er、-ir で終わる動詞（規則活用）の変化形（現在形）

comer 食べる

yo	com**o**	nosotros／nosotras	com**emos**
tú	com**es**	vosotros／vosotras	com**éis**
él, ella, usted	com**e**	ellos, ellas, ustedes	com**en**

beber 飲む

yo	beb**o**	nosotros／nosotras	beb**emos**
tú	beb**es**	vosotros／vosotras	beb**éis**
él, ella, usted	beb**e**	ellos, ellas, ustedes	beb**en**

vivir 住む、暮らす、生きる

yo	viv**o**	nosotros／nosotras	viv**imos**
tú	viv**es**	vosotros／vosotras	viv**ís**
él, ella, usted	viv**e**	ellos, ellas, ustedes	viv**en**

escribir 書く

yo	escrib**o**	nosotros／nosotras	escrib**imos**
tú	escrib**es**	vosotros／vosotras	escrib**ís**
él, ella, usted	escrib**e**	ellos, ellas, ustedes	escrib**en**

・下線部を覚えれば、-er, -ir で終わる他の動詞（規則活用）についても、全ての主語に合わせた形が作れます。
・correr, abrir ではどのようになるか、ノートに書きだしてみましょう。

活用表 5 　tener の変化形（現在形）

tener

yo	tengo	nosotros／nosotras	tenemos
tú	tienes	vosotros／vosotras	tenéis
él, ella, usted	tiene	ellos, ellas, ustedes	tienen

活用表 6 　poder, querer の変化形（現在形）

poder、querer は下の表のように主語に合わせて形が変わります。

poder　～できる

yo	puedo	nosotros／nosotras	podemos
tú	puedes	vosotros／vosotras	podéis
él, ella, usted	puede	ellos, ellas, ustedes	pueden

querer　～したい

yo	quiero	nosotros／nosotras	queremos
tú	quieres	vosotros／vosotras	queréis
él, ella, usted	quiere	ellos, ellas, ustedes	quieren

活用表 7 　ir の変化形（現在形）

ir　行く（ir a+動詞の原形　～するつもりだ、～するだろう）

yo	voy	nosotros／nosotras	vamos
tú	vas	vosotros／vosotras	vais
él, ella, usted	va	ellos, ellas, ustedes	van

形容詞の位置と形の変化のまとめ

	男性単数名詞を修飾	女性単数名詞を修飾	男性複数名詞を修飾	女性複数名詞を修飾
語尾が -o で終わる形容詞	un libro antigu**o**	una casa antigu**a**	dos libros antigu**os**	dos casas antigu**as**
語尾が -o 以外で終わる形容詞	un vestido elegante	una camisa elegante	dos vestidos elegante**s**	dos camisas elegante**s**
語尾が -o 以外で終わる地名を表す形容詞	un profesor español	una profesora español**a**	muchos profesores español**es**	muchas profesoras español**as**

活用表 8 点過去形の変化形 Lección 15 で出てきた主な動詞

llegar　＊

yo	llegué	nosotros／nosotras	llegamos
tú	llegaste	vosotros／vosotras	llegasteis
él, ella, usted	llegó	ellos, ellas, ustedes	llegaron

comer

yo	comí	nosotros／nosotras	comimos
tú	comiste	vosotros／vosotras	comisteis
él, ella, usted	comió	ellos, ellas, ustedes	comieron

subir

yo	subí	nosotros／nosotras	subimos
tú	subiste	vosotros／vosotras	subisteis
él, ella, usted	subió	ellos, ellas, ustedes	subieron

＊llegar は llegué のつづりがやや不規則ですが、発音上は規則的と言えます。
　参考までに、次ページにつづりも規則的な「語尾が -ar」の動詞 comprar の活用表をあげておきます。

comprar

yo	compré	nosotros／nosotras	compramos
tú	compraste	vosotros／vosotras	comprasteis
él, ella, usted	compró	ellos, ellas, ustedes	compraron

活用表 ⑨　線過去形の変化形①　Lección 16 で出てきた主な動詞

estudiar

yo	estudiaba	nosotros／nosotras	estudiábamos
tú	estudiabas	vosotros／vosotras	estudiabais
él, ella, usted	estudiaba	ellos, ellas, ustedes	estudiaban

querer

yo	quería	nosotros／nosotras	queríamos
tú	querías	vosotros／vosotras	queríais
él, ella, usted	quería	ellos, ellas, ustedes	querían

ser

yo	era	nosotros／nosotras	éramos
tú	eras	vosotros／vosotras	erais
él, ella, usted	era	ellos, ellas, ustedes	eran

活用表 ⑩　線過去形の変化形②　Lección 16 で出てきた主な動詞

ir

yo	iba	nosotros／nosotras	íbamos
tú	ibas	vosotros／vosotras	ibais
él, ella, usted	iba	ellos, ellas, ustedes	iban

ver

yo	veía	nosotros／nosotras	veíamos
tú	veías	vosotros／vosotras	veíais
él, ella, usted	veía	ellos, ellas, ustedes	veían

数字（基数詞）

1 uno, una	2 dos	3 tres	4 cuatro
5 cinco	6 seis	7 siete	8 ocho
9 nueve	10 diez	11 once	12 doce
13 trece	14 catorce	15 quince	16 dieciséis
17 diecisiete	18 dieciocho	19 diecinueve	20 veinte
21 veintiuno/a	22 veintidós	23 veintitrés	24 veinticuatro
25 veinticinco	26 veintiséis	27 veintisiete	28 veintiocho
29 veintinueve	30 treinta	31 treinta y uno/a	32 treinta y dos
40 cuarenta	42 cuarenta y dos	50 cincuenta	53 cincuenta y tres
60 sesenta	64 sesenta y cuatro	70 setenta	75 setenta y cinco
80 ochenta	86 ochenta y seis	90 noventa	97 noventa y siete
100 cien	101 ciento uno/a	102 ciento dos	110 ciento diez
120 ciento veinte	200 doscientos/as	300 trescientos/as	400 cuatrocientos/as
500 quinientos/as	600 seiscientos/as	700 setecientos/as	800 ochocientos/as
900 novecientos/as	1 000 mil	2 000 dos mil	10 000 diez mil
100 000 cien mil	1 000 000 un millón	2 000 000 dos millones	

これらの数詞に名詞が後続する場合、その名詞が男性名詞か女性名詞かで形が異なる場合があります。

1) 1、2、3 と数える場合…上の表の通り、uno, dos, tres…
2) 形容詞（1つの～）の場合、1 で終わるときは名詞の性に合わせて un か una を区別。
   1 冊の本（男性名詞）：un libro　1 軒の家（女性名詞）：una casa
   （2 冊の本：dos libros　2 軒の家：dos casas）
   21 冊の本：veintiún libros　21 件の家：veintiuna casas
   31 冊の本：treinta y un libros　31 軒の家：treinta y una casas
3) 200 以上の場合、…cientos か …cientas かにも気をつけよう。
   321 冊の本：trescientos veintiún libros　321 軒の家：trescientas veintiuna casas
   485 冊の本：cuatrocientos ochenta y cinco libros
   485 軒の家：cuatrocientas ochenta y cinco casas
4) un millón, dos millones：これらの数字に名詞が後続する場合、de が必要です。
   100 万冊の本：un millón de libros　200 万軒の家：dos millones de casas

Restaurante Superrápido

Menú del Día

Primer Plato
-Ensalada mixta
-Ensalada de queso de cabra
-Sopa de verduras
-Revuelto de setas y jamón
-Paella mixta

Segundo Plato
-Filete de ternera
-Chuleta de cerdo
-Pechuga de pollo a la plancha
-Merluza a la gallega
-Boquerones fritos

Postre
-Café
-Flan
-Natillas caseras
-Tarta de queso
-Helados
-Fruta del tiempo
-Arroz con leche
-Profiteroles

Vino, agua, pan

15 euros

柿原　武史（かきはら　たけし）
関西学院大学

土屋　亮（つちや　りょう）
亜細亜大学

Ⓒ 超初級！まずは話してスペイン語
Español superrápido

2018年2月1日　初版発行	定価　本体2,500円（税別）
2021年3月1日　再版発行	

著　者　　柿　原　武　史
　　　　　土　屋　　　亮
発行者　　近　藤　孝　夫
印刷所　　研究社印刷株式会社
発行所　　株式会社　同　学　社
〒112-0005　東京都文京区水道1-10-7
電話(03) 3816-7011（代表）　振替00150-7-166920

ISBN 978-4-8102-0435-3　　Printed in Japan

(有) 井上製本所

許可なく複製・転載すること並びに
部分的にもコピーすることを禁じます．

■ 同学社版・スペイン語文法書・練習帳・ワークブック ■

これが基本! スペイン語
Estos son los fundamentos del idioma español

西川 喬 著
A5判 二色刷 232頁 定価 本体 2,400円（税別）
◆ 入門・初級段階の学習者にも分かりやすい説明
◆ 単語や例文には仮名発音を付す◆ 日常会話にも使える実用的な例文◆ 巻末には文法補足、練習問題解答例、基本動詞の活用表、更に語彙集を充実

CD付

わかるスペイン語文法

西川 喬 著
A5判 342頁 定価 本体 3,500円（税別）
◆ 初級段階の学習者にも理解しやすい丁寧な説明
◆ 日本人学習者に理解しにくい「時制」・「叙法」・「冠詞」は、可能な限りの紙幅をとって分かりやすく解説◆ 学習者がぶつかる「素朴な質問」に手早く答えられるよう、目次／索引／品詞に工夫◆ 中級レベルの学習者にも役立つ日西文法用語対照表

本気で学ぶスペイン語
基本問題430
菅原 昭江 著　B5判 二色刷 258頁
定価 本体 3,000円（税別）
■全430問からなる本格的なスペイン語練習帳■それぞれの設問は、レベル1からレベル3までのいずれかのレベルに属し、学習者のレベルに合わせてチャレンジ可能

CD付

スペイン語ワークブック
小川 雅美 著　B5判 二色刷 298頁
定価 本体 2,800円（税別）
■ 文法事項を段階的に導入し、無理なくステップ・アップ■ 学習者の立場に立ち、わかりやすく丁寧な説明■ 別冊語彙集を使用し、辞書なしでも学習に集中■ 大きな本文文字と多くのイラストで、見やすく楽しい紙面構成

CD付

〒112-0005 東京都文京区水道1丁目10-7　同学社　TEL03(3816)7011　振替00150-7-166920

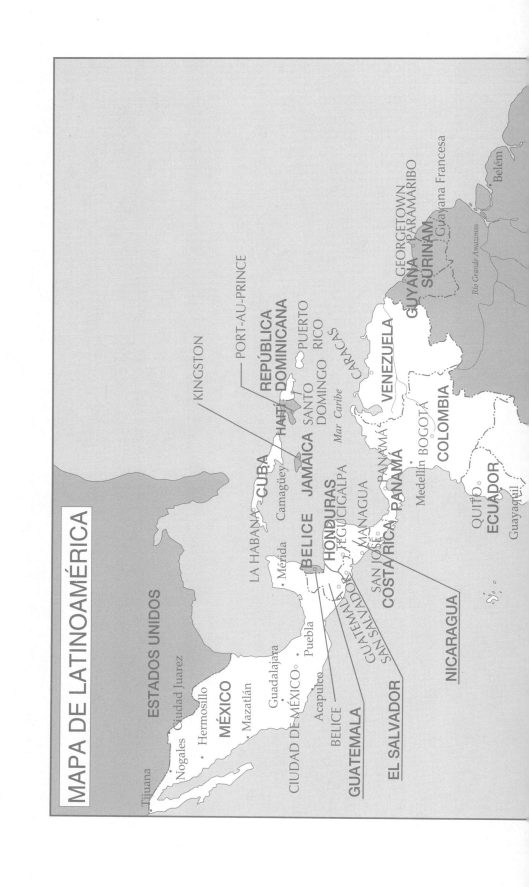